I0789696

Título: *Antología de discursos y entrevistas.*
Autor: Thomas Sankara
Edición, traducción y portada: Miguel G. Macho

© 1ª edición en Barcelona, agosto de 2020

Antología de discursos y entrevistas

Thomas Sankara

Índice

Discurso de orientación política

—Pronunciado en Uagadugu, 2 de octubre de 1983—

¡Pueblo de Alto Volta!

Camaradas militantes de la revolución.

En el transcurso de este año, 1983, nuestro país ha conocido momentos de particular intensidad, los cuales siguen impresos de forma indeleble en la mente de muchos conciudadanos. Durante este período, la lucha del pueblo voltense ha experimentado flujos y reflujos.

Nuestro pueblo ha pasado la prueba de luchas heroicas, y finalmente obtuvo la victoria la noche ya histórica del 4 de agosto de 1983. Ya van a ser dos meses que la revolución marcha irreversible en nuestro país. Dos meses en los cuales el pueblo combatiente de Alto Volta se ha movilizado como un solo hombre detrás del Consejo Nacional de la Revolución (CNR) para edificar una sociedad voltense nueva, libre, independiente y próspera; una sociedad nueva, libre de la injusticia social, libre de la dominación y explotación seculares del imperialismo internacional.

Habiendo recorrido este breve trecho, les invito a que echemos un vistazo retrospectivo a fin de sacar las lecciones necesarias para determinar correctamente las tareas revolucionarias que se plantean en el momento actual y en el futuro próximo. Dotados de una clara percepción de la marcha de los acontecimientos, fortaleceremos más aún nuestra lucha contra el imperialismo y las fuerzas sociales reaccionarias.

En suma, ¿de dónde venimos? ¿Y a dónde vamos? Estas son las interrogantes del momento que nos exigen una respuesta clara y resuelta, sin equívoco alguno, si es que queremos avanzar de forma audaz hacia victorias mayores y más resplandecientes.

El triunfo de la revolución de agosto no es solamente resultado del golpe de fuerza revolucionario asestado contra la sacrosanta alianza reaccionaria del 17 de mayo de 1983. Es también la culminación de la lucha del pueblo voltense contra sus enemigos de siempre. Representa una victoria sobre el imperialismo internacional y sus aliados nacionales. Una victoria sobre las fuerzas retrógradas, oscurantistas y tenebrosas. Una victoria sobre todos los enemigos del pueblo que a sus espaldas han tramado complots e intrigas…

Por tanto, la revolución de agosto surgió como la solución a las contradicciones sociales que ya no se podían sofocar mediante componendas.

La adhesión entusiasta de las amplias masas populares a la revolución de agosto es la expresión concreta de la esperanza inmensa que el pueblo voltense deposita en el establecimiento del CNR para al fin poder ver cumplidos sus anhelos profundos por la democracia, la libertad y la independencia, por el progreso genuino, por la restauración de la dignidad y la grandeza de nuestra patria, aspiraciones que han sido particularmente vilipendiadas por 23 años de régimen neocolonial.

La llegada del CNR al poder el 4 de agosto de 1983 y la posterior instalación de un gobierno revolución en Alto Volta han abierto una página gloriosa en los anales de la Historia de nuestro pueblo y de nuestro país. Sin embargo, el legado que nos dejaron 23 años de explotación y dominación imperialistas es penoso y pesado. Dura y ardua será nuestra tarea de edificar una sociedad nueva, una sociedad libre de todos los males que mantienen a nuestro país en una situación de pobreza y de atraso económico y cultural.

En 1960, el colonialismo francés-acosado por todas partes, derrotados en Dien Bien Phu y presa de enormes dificultades en Argelia-, deduciendo las lecciones de esas derrotas, se vio obligado a otorgar a nuestro país la soberanía nacional y la integridad territorial. Nuestro pueblo, que no había permanecido impasible, sino más bien había desarrollado luchas de resistencia apropiadas, acogió este suceso como un hecho positivo. Esta fuga temprana del imperialismo colonialista francés fue para nuestro pueblo una victoria sobre las fuerzas de opresión y explotación extranjeras. Desde el punto de vista de las masas populares fue una reforma democrática, aunque desde el punto de vista del imperialismo no fue más que un cambio operado en sus formas de dominación y explotación de nuestro pueblo.

No obstante, este cambio desembocó en una realineación de las clases y capas sociales y en el establecimiento de clases nuevas. En alianza con las fuerzas retrógradas de la sociedad tradicional, y mostrando su desprecio total hacia las masas fundamentales que le habían servido de trampolín para su ascenso al poder, la intelectualidad pequeñoburguesa de la época empezó a sentar las bases políticas y económicas de las nuevas formas de dominación y explotación imperialistas. El temor a que la lucha de las masas populares se radicalizara y desembocara en una solución verdaderamente revolucionaria sirvió de base para que el imperialismo decidiera cómo actuar, lo que consistió, a partir de ese momento, en ejercer su dominio sobre nuestro país y perpetuar la explotación de nuestro pueblo mediante intermediarios nacionales. Ciudadanos voltenses asumirían el relevo de la dominación y explotación extranjeras. Toda la organización de la sociedad neocolonial se reduciría a una simple operación de sustituir una forma por otra.

En su esencia, la sociedad neocolonial y la sociedad colonial no se diferencian en nada. Así, se ha visto que a la administración colonial la sustituye una administración neocolonial que le es idéntica en todos los aspectos. Al ejército colonial lo sustituye un ejército neocolonial con los mismos atributos, las mismas funciones y el mismo papel de guardián de los intereses del imperialismo y los de sus aliados nacionales. A la escuela colonial la sustituye una escuela neocolonial que persigue los mismos objetivos de enajenar a los niños de nuestro país y reproducir una sociedad que esté esencialmente al servicio de los intereses imperialistas y, de forma accesoria, al servicio de los lacayos y aliados locales del imperialismo.

Con el apoyo y la bendición del imperialismo, ciudadanos voltenses se dieron a la tarea de organizar el saqueo sistemático de nuestro país. Con las migajas que les caían de dicho saqueo, poco a poco se transformaron en una burguesía verdaderamente parásita incapaz ya de contener su apetito voraz. Movidos solo por sus intereses egoístas, desde entonces dejaron de recular ante los métodos más deshonestos, desarrollando a gran escala la corrupción, la malversación de fondos y de la cosa pública, el tráfico de influencias y la especulación de bienes raíces, y practicando el favoritismo y el nepotismo.

Así se explican todas las riquezas materiales y financieras que han logrado acumular sobre las espaldas del pueblo trabajador. No contentos de vivir de las rentas fabulosas que extraían de la explotación desvergonzada de sus bienes mal habidos, peleaban a brazo partido procurando acaparar los cargos políticos que les permitieran utilizar el aparato estatal para beneficiarse de su explotación y despilfarro.

No pasaba un año entero sin que no se pagaran vacaciones suntuosas en el exterior. Sus hijos abandonaban las escuelas del país para recibir una enseñanza de prestigio en otros países. A la más leve enfermedad, se movilizaban todos los recursos del estado para asegurarles la costosa atención de los hospitales de lujo en países extranjeros. Todo esto se ha dado a plena vista de un pueblo voltense laborioso, valiente y honesto, si bien sumido en la miseria más profunda. Mientras que para una minoría rica Alto Volta constituya un paraíso, para la mayoría, para el pueblo, es un infierno apenas tolerable. Como parte de esta gran mayoría, los asalariados, no obstante el hecho de tener asegurado un ingreso constante, sufren las limitaciones y los escollos de la sociedad capitalista de consumo. Todo su salario se agota incluso antes de que lo hayan tocado. Este círculo vicioso sigue sin fin y sin perspectiva alguna de romperlo.

Al seno de sus sindicatos respectivos, los asalariados entablan luchan reivindicativas para mejorar sus condiciones de vida. A veces la amplitud de estas luchas logra arrebatar concesiones de las autoridades neocoloniales. Sin embargo, apenas dan algo con una mano y enseguida lo recuperan con la otra.

Así se anuncia con gran alboroto un aumento salarial del 10%, para de inmediato gravarlo con impuestos que anulan los efectos positivos que se esperaban de la primera medida. Después de cinco, seis o siete meses, los trabajadores siempre terminan dándose cuenta de la superchería y se movilizan para nuevas luchas. Siete meses son más que suficientes para que los reaccionarios en el poder recobren el aliento y tramen otras estratagemas. En esta lucha sin fin, el trabajador siempre sale perdiendo.

En el seno de esta gran mayoría están también los "condenados de la Tierra", los campesinos, a quienes se expropia, se expolia, se hostia, se encarcela, se ridiculiza y se humilla cada día, y quienes, sin embargo, con su trabajo son creadores de riquezas. Es gracias a su actividad productiva que la economía del país se mantiene a flote, no obstante su debilidad. Es con su trabajo que "endulzan" su vida todos esos ciudadanos para quienes Alto Volta es un El Dorado.

Sin embargo, son ellos quienes más sufren la falta de estructuras, de infraestructura de carreteras, y de la falta de estructuras y planteles de salud. Son estos campesinos, creadores de la riqueza nacional, quienes más sufren la falta de escuelas y de útiles escolares para sus hijos. Son sus hijos quienes engrosarán las filas de los desempleados tras una breve estancia en los banquillos de escuelas mal adaptadas a las realidades de este país. Es entre ellos que existe la tasa de analfabetismo más elevada: 98%. Quienes más necesitan aprender, para poder mejorar el rendimiento de su labor productiva, son de nuevo quienes menos se benefician de las inversiones en las esferas de la salud, la educación y la tecnología.

La juventud campesina- que demuestra la misma disposición de ánimo que el resto de la juventud, es decir, que es más sensible ante la injusticia social y está más a favor del progreso-en una expresión de rebeldía termina abandonando nuestros campos, privándolos así de su elemento más dinámico.

Ese primer reflejo empuja a esos jóvenes hacia los grandes centros urbanos, Uagadugú y Bobo-Dioulasso. Ahí esperan encontrar un trabajo mejor remunerado y beneficiarse a la vez de las ventajas del progreso. La falta de trabajo los empuja a la ociosidad, con todos los vicios que la caracterizan. Finalmente, para no terminar en la cárcel, buscan la salvación saliendo al extranjero, donde les aguardan la humillación y la explotación más vergonzosas, ¿acaso la sociedad voltense les ofrece otra opción?

Dicho de la manera más concisa, esta es la situación de nuestro país después de 23 años de neocolonialismo: Paraíso para unos, infierno para los demás.

Después de 23 años de dominación y explotación imperialistas, nuestro país sigue siendo un país agrícola atrasado, donde el sector rural- el 90% de la población activa- representa apenas el 45% del Producto Interior Bruto pero provee el 95% de total de las exportaciones del país.

De manera más sencilla, hay que señalar que aunque en otro países los agricultores constituyen menos del 5% de la población, ellos logran no solo alimentarse adecuadamente y asegurar las necesidades de una nación entera, sin también exportar cantidades inmensas de su producción agrícola. Mientas que aquí en este país más del 90% de la población, a pesar de arduos esfuerzos, sufre hambre y escasez y se ve obligado a tener que recurrir con el resto de la población a la importación de productos agrícolas e incluso a la asistencia internacional.

El desequilibrio entre las exportaciones e importaciones así creado contribuye a acentuar la dependencia del país en el extranjero. En consecuencia, el déficit comercial ha crecido considerablemente al paso de los años y el valor de nuestras exportaciones solo cubre alrededor del 25% de las importaciones. Dicho de manera más clara, compramos más del exterior de lo que vendemos. Y una economía que funciona sobre esa base se arruina progresivamente y va hacia la catástrofe.

Las inversiones privadas que provienen del extranjero no solo son insuficientes, más bien le hacen sangrías enormes a la economía del país, por lo que no contribuyen a reforzar su capacidad acumulativa. Una parte importante de la riqueza creada con la ayuda de las inversiones extranjeras es drenada hacia el exterior, en lugar de ser reinvertida para acrecentar la capacidad productiva del país. En el período 1973-1979, se calcula que 1.700 millones de francos CFA[1] salían del país cada año en forma de ingresos derivados de inversiones extranjeras directas, mientras que las inversiones nuevas ascendían a un promedio de 1.300 millones de francos CFA por año.

La insuficiencia de los esfuerzos en la inversión productiva induce al estado voltense a jugar un papel fundamental en la economía nacional mediante esfuerzos encaminados a suplir la inversión privada. Esta es una situación difícil cuando se sabe que los ingresos presupuestarios del estado los constituyen esencialmente los ingresos tributarios, que a su vez representan el 85% del total de los ingresos y que provienen en gran parte de los aranceles a las importaciones y de los impuestos. Aparte de los esfuerzos de inversión nacional, estos ingresos financian los gastos del Estado, de los que un 70% sirven para pagar los salarios de los empleados gubernamentales y asegurar el funcionamiento de los servicios administrativos. ¿Qué puede quedar entonces para las inversiones sociales y culturales? En el ámbito de la educación, nuestro país se sitúa entre los más atrasados, con una tasa de escolarización del 16,4% y una tasa de analfabetismo que alcanza un promedio del 92%. Es decir, que de cada cien voltenses apenas ocho parecen saber leer y escribir en la lengua que sea.

En el plano de la salud, las tasas de enfermedad y de mortandad se sitúan entre las más altas en la subregión debido a la proliferación de enfermedades transmisibles y de deficiencias nutricionales. Por otro lado, ¿cómo podremos evitar esta situación catastrófica si se sabe que se cuenta con una cama de hospital por cada 1.200 habitantes y con un médico por cada 48.000 habitantes? Bastan estos pocos elementos para ilustrar el legado que nos dejaron 23 años de neocolonialismo, 23 años de una política de abandono nacional total. Ningún voltense que ame y honre a su país puede

---

1 Franco de la comunidad financiera africana.

permanecer indiferente ante esta situación, una de las más desoladoras.

En efecto, nuestro pueblo, un pueblo valiente y trabajador, jamás ha podido tolerar tal situación. Y porque ha comprendido que no es producto de la fatalidad, sino de una sociedad organizada sobre bases injustas en provecho solo de una minoría, ese pueblo ha desarrollado siempre luchas multiformes, buscando las vías y los medios para poner fin a este viejo orden de cosas.

Por eso recibió febrilmente la llegada del Consejo Nacional de la Revolución y de la revolución de agosto, que coronó los esfuerzos que había realizado y los sacrificios que había aceptado para derribar el viejo orden, instalar un orden nuevo que pudiera rehabilitar al hombre voltense y otorgar a nuestro país un lugar selecto en el concierto de naciones libres, prósperas y respetadas. Las clases parásitas que siempre se han lucrado con un Alto Volta colonial y neocolonial son y seguirán siendo hostiles a las transformaciones emprendidas por el proceso revolucionario iniciado tras el 4 de agosto de 1983. Eso se debe a que están y permanecen atadas por un cordón umbilical al imperialismo internacional. Son y siguen siendo defensoras fervientes de los privilegios adquiridos gracias a su lealtad al imperialismo. Hagan lo que hagan y digan lo que digan, ellos seguirán siendo los mismos y seguirán tramando complots e intrigas a fin de reconquistar su "reino perdido". Es inútil esperar de estos nostálgicos una reconversión de mentalidad y de actitud. No son sensibles ni entienden más lenguaje que el de la lucha, la lucha de clases revolucionaria contra los explotadores y los opresores de los pueblos. Para ellos, nuestra revolución será la cosa más autoritaria que exista. Será un acto por el cual el pueblo les impondrá su voluntad con todos los medios de que disponga y, de ser necesario, con sus armas.

Discurso ante el primer aniversario de la Revolución

—Pronunciado el 4 de agosto de 1984, en Uagadugú—

Compañeros y militantes de la revolución democrática y popular (RDP).

Hace apenas un año, los soldados, suboficiales, oficiales del ejército nacional y fuerzas paramilitares, apoyados por el pueblo, y por todos aquellos que levantaron una barricada, se alzaron de manera masiva y generalizada contra la dominación. El pueblo, ante la política representada por el régimen resultante del golpe de Estado reaccionario del 17 de mayo de 1983, se vió obligado a intervenir en la conducción de los asuntos de Estado para devolver a nuestro país su independencia y libertad, y a nuestra gente su dignidad.

Desde entonces, el Consejo Nacional Revolucionario (CNR), el gobierno revolucionario y el pueblo volteño se pusieron manos a la obra.

Ante esta continua movilización sin precedentes en la historia de nuestro país, el mundo entero sorprendido se pregunta:

¿Podrán tener éxito?

¿Conseguirán llevar comida y bebida a este pueblo trabajador y humillado durante tanto tiempo que finalmente ha tenido la oportunidad de despertar a la vida y que se ha levantado para asumir con valentía y determinación legendaria su destino, confiscado durante tanto tiempo por una opresión polifacética?

Es cierto que las mentes han sido condicionadas para admitir que la buena voluntad y el coraje no son suficientes; las grandes cuestiones cotidianas de la salud, la educación, el paro, los grandes retos económicos caerían bajo la competencia de grandes especialistas, incluso de políticos supuestamente más cualificados.

El año revolucionario que acaba de pasar ha estado marcado por una apariencia de vacilación, ensayo y error, búsqueda febril y nunca concluyente de soluciones concretas, improvisaciones yuxtapuestas, inconsistencias y contradicciones que pueden haber preocupado a nuestros militantes.

Todo esto, sin embargo, procede de la lógica que quiere que no haya revolución sin celebración. Había que dar el tiempo y la posibilidad a la multitud que acudió a la revolución para expresar su legítima liberación. Tuvimos que dejar esa adhesión eufórica inconsciente o sentimental al momento de esta celebración, incluso de la feria.

Sin embargo, aquí y allá hemos tomado acciones que han supuesto tantas pruebas y tantas espuelas. Ensayos de movilización y organización de nuestra gente mediante la construcción de presas, el Estadio del 4 de agosto, almacenes Sovolcom[2], trabajos de reforestación colectiva, etc.

Esto es para hacerles comprender que la revolución es sinónimo de trabajo, dificultades y sacrificios. En este sentido, ciertas medidas restrictivas de privilegios que teníamos que tomar, aunque sin duda justas, no dejaron de despertar interrogantes, incomprensiones y, en ocasiones, un declive del entusiasmo entre los menos desfavorecidos. Estoy convencido de ello.

---

2 Société Voltaïque du Commerce (Sociedad Volteña de Comercio).

También teníamos que asegurarnos de que las masas entendieran las consignas y comprendieran los objetivos que se les asignaron. Nos hemos negado así a ser investidos de poderes mesiánicos y hemos evitado la huida hacia adelante mediante un trabajo paciente y profundo de explicación y conciencia del pueblo.

En definitiva, hemos acumulado juntos muchas experiencias que son riqueza y logros para la revolución. Esta Revolución del 4 de agosto que el pueblo del Volta que disfruta desde entonces y que viene practicando con todos sus deseos, pues tiene la certeza, la profunda convicción, de que ha venido para servirles y que ha sido obra suya desde entonces.

Las masas populares, convencidas de la correcta orientación del gobierno revolucionario, no cesan de realizar actos de valentía que enseñen a quienes todavía lo dudan que es ahora con ellos, con el CNR, portador de sus esperanzas, con el que habrá que contar, y que es con su gobierno con el que ahora tienen que tratar.

Evidentemente, el burkinabés marcó las distancias con los regímenes anteriores que habían despertado en sus primeros momentos de existencia esperanzas reales pero que rápidamente se desvanecieron, al ser traicionados por individuos serviles y sin escrúpulos que habían venido a servirse a sí mismos y no a las masas.

Aquellos que presidieron en la distancia[3] la composición de los equipos gubernamentales y que se aferran a los jirones de los sueños que son sus hombres de paja, deben comprender que la época de los poderes indirectos ha terminado definitivamente en Burkina Faso.

Pueblo de Burkina-Faso,

Desde el 4 de agosto, has demostrado todos los días tu

---

3 Aquí Sankara hace referencia al imperialismo francés.

determinación por construir tú mismo y con tus manos los cimientos materiales de tu existencia. Construiste aeródromos, construiste estructuras, viviendas, reconstruiste carreteras y puentes, construiste dispensarios y escuelas; gracias a ti, el Sourou[4] ha despegado.

Con la ayuda de tus amigos, Tambao[5] pronto será una realidad como lo será la explotación para tu único beneficio del oro de Sebba, los fosfatos de Kodjari y las múltiples riquezas de tu subsuelo descubiertas o por descubrir.

Desde el 4 de agosto, gracias a la movilización se registran victorias en los campos de salud, hábitat, vivienda, educación, transporte y canales de distribución. Su cultura se vigoriza y florece más cada día. Gracias a ti tenemos unas finanzas más sanas y dignas que rechazan la prostitución y la mendicidad, especialmente para asegurar el sueldo de sus funcionarios.

Estamos registrando mejores ingresos fiscales y nuestra aduana está trabajando en su depuración.

Juntos, supimos acabar con las vacilaciones del gobierno que aún se atrevió, después del 17 de mayo de 1983 que lo vio nacer, a apropiarse el derecho de calificarse como "Consejo de Salvación del Pueblo".

Empezamos a moralizar nuestra sociedad, procedimos a revolucionar el aparato estatal y la vida en todos los sectores.

De manera resolutiva, has aceptado atajar las tareas de desarrollo.

Los medios de comunicación, mal informados o a sueldo de los poderes monetarios solidarios con vuestros enemigos y contra los que luchamos, nos han retratado en ciertos rasgos que han multiplicado la confusión y la desconfianza hacia Burkina Faso;

4　Una de las 45 provincias de Burkina Faso, al sureste y de las pocas pantanosas.

5　Un depósito de manganeso y posible mina en la provincia de Oudalan, ubicada en la región del Sahel, que se encuentra en el extremo noreste de Burkina Faso.

pero la realidad es bastante diferente.

Pueblo trabajador de Burkina Faso,

Tú has dado respeto y consideración a los sindicatos que son la primera organización de la clase trabajadora, la punta de lanza de cualquier revolución verdadera. Se les ha consultado para decisiones nacionales importantes. Las recientes medidas que se han tomado contra los participantes en la huelga proimperialista lanzada por la dirección reaccionaria del SNEAHV[6] son una prueba de que la CNR no golpea a ciegas, sino que impone un espléndido proceso de lucidez, discernimiento, verdad y justicia.

En el ámbito externo, hemos recuperado nuestra dignidad. Participamos de forma activa, crítica y vigilante en la vida de diversas organizaciones en África y el resto del mundo.

Luchamos con las armas que tenemos contra el colonialismo, el neocolonialismo, el racismo y el apartheid.

Finalmente, hemos abierto vías diplomáticas hacia países que regímenes anteriores habían marcado con el sello de la prohibición.

Pueblo de Burkina Faso, después de un historial del que pueden estar legítimamente orgullosos, pero que subraya la inmensidad de la tarea que nos queda por cumplir, ¿qué perspectivas ven en el umbral de este nuevo año revolucionario?

Sus cualidades de coraje y trabajo duro, su alto sentido de dignidad y honor son razones para tener esperanza. Para consolidar sus esperanzas, conduciremos a buen puerto los grandes proyectos económicos y lograremos los grandes equilibrios. El Consejo Económico y Social Revolucionario (CRES), cuyos estudiosos seminarios han permitido esbozar los contornos,

---

6 Syndicat national des Enseignants africains de Haute-Volta (Sindicato Nacional de Profesores Africanos del Alto Volta)

pronto verá la luz como un socio de poder que permitirá tener en cuenta el mundo de los agentes económicos.

Se pondrá en marcha un programa para reducir este desempleo, desempleo que hemos heredado y que se prolongaría dramáticamente si no hubiéramos decidido enfrentarlo como revolucionarios.

Aseguraremos la consolidación del poder popular aclarando la línea política de la revolución.

Los estatutos de los CDR se utilizarán para corregir las deficiencias organizativas. Sin embargo, al ser una guía para la acción, tendrán que ser modificados y reajustados por la experiencia revolucionaria vivida por nuestro pueblo. Así es como podemos depurarlos constantemente.

A nivel del órgano político supremo, el Consejo Nacional de la Revolución, se tomarán medidas para consolidar su protagonismo y protegerlo de errores, desviaciones e ideologías pequeñoburguesas erosivas.

El pueblo monopoliza sus armas y los guardianes de los ejércitos van al pueblo, lo cual no es otra cosa que un retorno justo a sus orígenes redescubiertos.

Es esta doctrina de defensa popular la que nos permite alinear hoy a uno de los ejércitos más masivos y especialmente a uno de los más movilizados y combativos de África, y eso sin impacto en nuestro presupuesto.

El pueblo concebirá sus necesidades económicas, fijará sus nuevos objetivos a través de las economías que se creen, producirá y gestionará directamente sus bienes.

El funcionamiento de las tiendas Sovolcom, de las ciudades del 4 de agosto, será ejemplar.

La UREBA[7] es la herramienta que apoyará estos populares programas de desarrollo que se desarrollarán desde octubre de 1984 hasta diciembre de 1985.

Esta visión de nuestro futuro económico implica a su vez una nueva estrategia de crecimiento económico. Por eso, la CNR ha optado por hacer de la agricultura el motor, la principal palanca de nuestro desarrollo económico y social.

La elección del sector agrícola como motor de nuestro desarrollo se justifica por varios motivos:

1º La estrategia de desarrollo actualmente en curso en Burkina Faso no ha dado los resultados esperados. Esta estrategia que consistió en invertir prioritariamente en los sectores más rentables, con la esperanza de que los esfuerzos de estas inversiones se combinen para provocar el desarrollo de los demás sectores, contribuyó más bien a acentuar la desorientación de la economía, y al agravamiento de las desigualdades sociales entre la población urbana y rural.

Asimismo, la concentración de la mayoría de las actividades industriales y comerciales en los principales centros urbanos (Uagadugú y Bobo-Dioulasso) ha provocado un agravamiento de la desigualdad entre la ciudad y el campo.

2º La economía de Burkina Faso es esencialmente una economía agrícola. De hecho, sólo la población rural representa más del 90% de la población total.

Después de veintitrés años de independencia, el mayor problema de la economía del volteño sigue siendo su incapacidad intrínseca para asegurar la autosuficiencia alimenticia de las poblaciones. En otras palabras, la producción actual de alimentos agrícolas ni siquiera permite que cada burkinabe consuma 180 kg de cereales

---

7 Unión Revolucionaria de Bancos.

por año, un estándar generalmente aceptado.

En lo que a nosotros respecta, nuestro deseo de hacer de la agricultura el motor de nuestro desarrollo nada tiene que ver con las prioridades que los distintos planes han otorgado en el pasado al sector rural.

Por esto, las opciones para el CNR pasan por:

Concentrar realmente la mayor parte de los esfuerzos de inversión y modernización en el sector agropecuario, principalmente en favor de la producción de alimentos.

Esta política de modernización sin la cual no es posible un progreso social significativo y duradero se basará en:

- Aumento de los rendimientos agrícolas.

- El desarrollo efectivo de todas las áreas adecuadas para ello.

- La reorganización de las estructuras de producción agrícola.

En cuanto a la reorganización de las estructuras productivas, se trata esencialmente de emprender la implementación de la reforma agraria con el objetivo, por un lado, de una mejor organización del mundo rural y, por otro lado, promover la integración entre la agricultura y la ganadería.

El mantenimiento y aumento de la producción agrícola se logrará mediante una política interna de precios remunerativos para los productores rurales, agricultores y ganaderos.

En lo que respecta a los recursos hídricos, se le prestará especial atención. El control del agua es un factor determinante, no solo para la consecución de los avances esperados en la agricultura, sino también para el desarrollo de la actividad económica humana en general. Nuestra política de aguas tiene básicamente un doble objetivo:

- Objetivo para 1990, de 20 a 30 litros de agua potable por día y por hombre en las zonas rurales.

- Promover el desarrollo agrícola mediante el uso racional de la disponibilidad de agua.

En el marco de la consecución de este último objetivo, se dará prioridad a la construcción de pequeños reservorios de agua, acordes con los medios económicos y el nivel tecnológico de las poblaciones afectadas. Esta prioridad que damos a la construcción de estas pequeñas y medianas obras no alterará en modo alguno la importancia de los grandes proyectos de desarrollo agrícola de dimensión nacional, como Bagne, Sourou y Kompienga.

La creación de agroindustrias utilizando materias primas agrícolas locales será el apoyo fundamental para la agricultura.

La reorganización de las estructuras del mercado nacional se hará de manera que se favorezca el consumo de productos agrícolas y productos agroindustriales fabricados en nuestro país, por nosotros mismos. En este ámbito se combatirá sistemáticamente todo comportamiento imitativo vinculado a los vestigios neocoloniales y pequeñoburgueses.

Solo iniciando una política económica de este tipo podremos alterar de manera útil y positiva las estadísticas:

- Logrando la autosuficiencia del país en el largo plazo en productos de consumo básico, productos alimenticios en particular, y en bienes de producción, como equipos técnicos y bienes intermedios.

- Asegurando la cobertura de infraestructuras sociales vitales para las masas trabajadoras en los campos de la salud, la educación, la vivienda y la cultura.

- Eiminando nuestra dependencia económica restableciendo importantes equilibrios económicos y financieros, en particular reduciendo gradualmente la dependencia comercial y financiera exterior.

La revolución se aclarará y su línea se consolidará. El CNR estará mejor estructurado. Se establecerán nuevas oficinas del CDR[8]. Alentaremos a las mujeres a organizarse en estructuras revolucionarias.

Si otros han sabido subrayar, en otras ocasiones, que la sabana ofrece la ventaja de verse a distancia y evitar así las zancadillas, se han olvidado de subrayar las posibles desventajas de dejar que los cuadros evolucionen, incluso deambulen, que zigzagueen sin límites a la izquierda ni a la derecha.

Ahora comenzamos a poner límites que ya considerábamos necesarios bajo la CSP1[9], como restringir las posibilidades a la moral errante, pues aquello seguía pareciendo un amplio bulevar. Ahora, con el CNR, este bulevar se ha reducido a la delgadez de una cuerda floja que elimina cualquier posibilidad de desviarse de la línea correcta. Hay cuadros burkineses que olvidan muy a menudo que sí pudieron ir a la escuela, beneficiarse de una beca, es gracias a los sacrificios de las demás personas a las que les deben todo.

El nuevo ritmo que vamos a tomar será muy exigente para cualquier trabajador, para cualquier funcionario, para cualquier cuadro del que esperemos más dedicación en la tarea que se le encomienda, más espíritu de iniciativa que los hará hombres capaces de evolucionar fuera de los esquemas escolares y universitarios, hombres repletos de un inconformismo positivo.

La CNR está abierta a todos, incluidos todos aquellos que la combatieron por ignorancia. Todos los que han perdido sus privilegios, los que han tenido padres sancionados, así como los que han perdido el paraíso de su poder personal.

---

8 Comités de Défense de la Révolution (Comités de Defensa de la Revolución)
9 Quatrième République d'exception (Cuarta República de excepción)

La CNR, sin ser un coladero, está abierta a toda persona de buena voluntad, a todos los patriotas, siempre que adopten y apliquen coherentemente la línea de la revolución democrática y popular.

Nuestros trabajadores, a través de sus estructuras (CDR y sindicatos), deben estar preparados para asumir eficazmente sus responsabilidades en las obras, en las fábricas; para que, de masas de maniobras electorales, se conviertan en actores conscientes y motores principales de la economía burkinabe, constituyendo el primer paso en la transformación del estado de clase en sí al estado de clase en sí.

Los sindicatos tendrán un papel aún más importante. Daremos más importancia a los que están en el camino revolucionario, a cualquier sindicato cuya práctica sea antiimperialista. El CDR y el sindicato son complementarios, y así es más eficaz, más capaz de defender los intereses materiales y morales de los trabajadores sobre el terreno, contando así con su confianza.

Pueblo de Burkina Faso,

La vigilancia es una exigencia revolucionaria frente a quienes aún no han entendido que las masas populares movilizadas son una fuerza irresistible.

Nuestros enemigos, los enemigos de nuestro pueblo, deben entender que han sido derrotados por el adversario más fuerte, es decir, el pueblo, el pueblo del que nunca podrán vengarse.

Hemos mostrado paciencia, mucha paciencia. Pero si la violencia es el único medio que puede hacerles escuchar la razón, el CNR se esforzará por aplicarla con todo su rigor.

Firmes contra nuestros enemigos, también seremos firmes contra las interpretaciones erróneas que se den internamente en la revolución, los fenómenos erosivos y todos aquellos que, con su comportamiento, socavan el edificio revolucionario.

Cada vez son más los que se unen a la revolución democrática y popular, ya sea de manera resuelta, tímida o con vacilación. Esto no deja de ser alentador.

Sin embargo, lamentamos que los burkinabes encuentren tiempo para teorizar estérilmente mientras su pueblo avanza inexorablenente. Ciertas críticas son un aporte útil para nosotros, especialmente cuando van acompañadas de un patriotismo sin sombras y una práctica social admirable. Esperamos que el riguroso espíritu científico nos haga encontrarnos tarde o temprano con los que aún no han entendido que la revolución es, junto con toda la teorización posible, una transformación revolucionaria práctica de la realidad y de la vida.

Para este gran día de aniversario, mis pensamientos también están con los ancianos; aquellos ancianos a quienes ciertos elementos no revolucionarios, por sus interpretaciones erróneas, condenaron perentoriamente, convirtiéndolos en los supuestos condenados por la revolución. Afirmo que los mayores también tienen su lugar en la revolución, que necesita de su experiencia positiva y dinámica. Los invitamos a organizarse en los distritos, los sectores, los pueblos, y los invitamos a este gran desafío de inventar el futuro donde aún pueden y deben hacer mucho, dentro de sus límites objetivos.

Los burkineses, como pueblo revolucionario, están apegados a la paz, a una amistad que, en lugar de favorecer las relaciones entre dirigentes, trabaja para consolidar los lazos entre los pueblos.

Burkina Faso, como poder que emana de las masas populares, considera que la paz en el mundo solo puede provenir de la verdadera amistad entre los pueblos.

Afirmamos, y creemos profundamente en ello, que quien ama a su pueblo sólo puede amar a otros pueblos. Los pueblos que se aman no pueden luchar y amenazarse con un apocalipsis.

En nuestra política de apertura, iremos a todos. Muchos ya nos han acogido. También acudiremos a los demás, regímenes y líderes de diversas orientaciones políticas, especialmente de predisposiciones ondulantes frente a nuestro pueblo. Incluso a quienes nos esperan con besos de Judas, debemos acercarnos pero en vigilancia y con espíritu crítico, espíritu de lucha, libres de todo derrotismo y con la preocupación principal de unir a nuestros pueblos. En cuanto a aquellos que han optado deliberadamente por apoyar a los enemigos del pueblo de Burkina Faso, seguimos convencidos de que su propio pueblo se interpondrá en su camino contra sus desastrosos e impopulares designios, antes de exigirles que rindan cuentas.

Burkina-Faso no tiene la intención de dar lecciones a nadie, porque no tiene la intención de recibir lecciones de nadie. Sabe por experiencia que la revolución no se puede exportar. Pero también sabe que su revolución es un logro colectivo para con todos los pueblos revolucionarios del mundo. Por eso lo comparte con sus aciertos y fracasos.

Burkina Faso nunca apoyará una reunión que tenga como objetivo discutir los intereses egoístas de las instituciones humanas en lugar de los de los pueblos. Defenderá con firmeza su línea revolucionaria a través de organismos internacionales de carácter político, económico, científico y cultural.

En este gran aniversario, queremos felicitar a todos los burkineses, a todas las organizaciones que trabajaron por el advenimiento de la Revolución. Nos reservamos un conmovedor pensamiento para nuestros ilustres fallecidos que cayeron en el campo de batalla la noche del 4 de agosto de 1983. Este mismo pensamiento va también para los que cayeron antes y después del 4 de agosto de 1983 por la causa de la revolución en gestación, o ya brotando, nacida de las luchas previas en las que participaron.

Felicitamos a los jóvenes de Burkina Faso por su movilización y vigilancia. Felicitamos al ejército que ha logrado transformar radicalmente las estructuras reaccionarias en fuerzas revolucionarias, incluso atacando los privilegios de sus mandos. Estamos seguros de que podrán, por iniciativa propia, sorprender a nuestro pueblo con nuevos sacrificios.

Felicitamos a la juventud burkinabe y también al ejército que, a pesar del peso de las tradiciones, luchan por su emancipación sectorial y por la de todo el pueblo.

Felicitamos a los campesinos, a los intelectuales patriotas, al pueblo trabajador, a todos aquellos que, resueltamente o no, apoyan la revolución.

Agradecemos a todos los pueblos del mundo que se sienten solidarios con nuestra revolución. Y quisiera decir que asociamos, con esta alegría, a los países que, tan legítimamente, se regocijan con nosotros ante nuestros enemigos comunes, y cuyos testimonios de sostenida solidaridad barren los anhelos de un aislamiento que estos mismos enemigos sueñan todos los días. Sin embargo, esta alegría no nos embriaga hasta el punto de hacernos olvidar la situación de quienes continúan luchando por liberarse del dominio de quienes ya nos liberamos nosotros el 4 de agosto de 1983.

Camaradas burkinabes,

Conciudadanos que nos han decepcionado, decepcionado mucho. Incluso antes del nacimiento de la revolución, hubo quienes se declararon comprometidos a combatirla. Cuando ésta nació, surgieron sus hostilidades. Les dimos varias advertencias. Los pusimos bajo arresto domiciliario con la esperanza de que eventualmente nos entendieran. Esta demostración de clemencia nos ha servido para ser acusados de sentimentalistas. A pesar de esta mano tendida, continuaron sus complots y sus operaciones.

Nos vimos obligados a internar al más irreductible de todos ellos. Por desgracia, el amargo deseo de desestabilización ha provocado una escalada en los complots. Han sacudido nuestro pacifismo. La legalidad y la legitimidad revolucionarias han dictado la voluntad del pueblo contra ellos. Y la sanción máxima se impuso por su crimen.

Sin embargo, esta constancia de la que hemos demostrado ser capaces no nos impide escuchar, observar y seguir intentando redimirnos. Por eso hemos optado por liberar ciertos elementos que servirán de prueba, y cuya actitud hacia la revolución determinará, en gran medida, la suerte de quienes permanecen aún detenidos.

Camaradas burkinabes, los invito a comprender todo esto y permanecer alerta.

Pueblo de Burkina Faso, feliz cumpleaños, feliz cumpleaños revolucionario.

Gloria eterna a nuestro pueblo.

¡Patria o muerte, venceremos!

Discurso ante la entrega de
la Orden de José Martí

—Pronunciado en la Habana, Cuba, durante su visita del 25 de septiembre al 1 de agosto de 1984 para recibir a manos de Fidel Castro el más alto honor otorgado por el pueblo cubano: la Orden de José Martí—

Camaradas,

Entre revolucionarios, no perdemos nuestro tiempo en arrojarnos flores hipócritamente como los reaccionarios tienen el arte de hacer.

El honor que el pueblo cubano le ha dado a mi pueblo después de haberme otorgado la máxima distinción de la Revolución Cubana, es más que un acto simbólico. Es un compromiso de apoyo político hacia mi país, Burkina Faso, y a su revolución democrática y popular.

Es un compromiso firme que se basa en la memoria de uno de los más grandes luchadores patriotas, no solo de Cuba y América Latina, sino también de todos los rincones de la Tierra donde la gente lucha por su libertad e independencia.

Esta condecoración es una manifestación del profundo amor que el pueblo de Cuba siente por el pueblo de Burkina Faso. ¿Y el propio José Martí tituló su memorable escrito «Amor» con el amor que sentía? José Martí, que ya a los 16 años fue deportado de su tierra natal por sus ideas políticas revolucionarias, y cuya realidad de solidaridad militante entre todos los pueblos del mundo reside en su carne y en su sangre.

Los pueblos se aman y saben amar. Durante 9 años, Martí conoció Estados Unidos, México y Guatemala, donde siempre supo unir a las personas y ser amado por ellas. Sin este amor profundo, las dos deportaciones de su corta vida[10] podrían haberlo desanimado y socavado su moral.

Pero en 1895, José Martí regresó al país y tomó las armas contra las opresiones colonialistas. Así murió en Dos Ríos por la libertad de todos los pueblos del mundo, y su legado nos pertenece a todos, en Cuba y en Burkina Faso.

Es con la sangre valiente de héroes como él que los pueblos se alimentan y fortalecen para librar batallas cada vez más importantes.

El camarada Fidel Castro y sus compañeros de la Sierra Maestra en 1958 sólo continuaron la misma lucha revolucionaria del pueblo cubano por lograr su libertad total. Los revolucionarios y el pueblo burkinabé que durante años lucharon contra los regímenes reaccionarios y proimperialistas en Burkina Faso, continuaron y continúan, hasta hoy, la misma lucha que José Martí.

Cuba y Burkina Faso son tan distantes y al mismo tiempo tan cercanos, tan diferentes y tan similares que sólo los revolucionarios pueden comprender el amor sincero que nos impulsa irresistiblemente a la complementariedad.

Mi país es pequeño (274 mil km²) y tiene 7 millones de habitantes, 7 millones de campesinos que han vivido durante siglos en condiciones idénticas (o incluso peores) a las de su pueblo bajo la dictadura fascista de Batista.

Agua potable, 3 comidas al día, un dispensario médico, una

____

10 José Martí fue deportado en 1869 y en 1879.

escuela y un simple arado siguen siendo hoy elementos constitutivos de una vida ideal a la que millones de burkineses no pudieron acceder hasta después de un año de poder revolucionario. Debo decirlo también, con qué pesado legado negativo el Consejo Nacional de la Revolución y el pueblo burkinabé conquistaron y ejercen el poder político del Estado.

Pero aquí están los ejemplos positivos como el suyo para levantar la moral de los menos decididos, fortalecer las convicciones revolucionarias de los demás y alentar al pueblo a luchar contra el hambre, la enfermedad y la ignorancia en nuestro país.

Hemos luchado, estamos luchando y seguiremos luchando para crear con nuestras propias manos las bases materiales de nuestra felicidad. Y en esta lucha sabemos que podemos contar en todo momento con el apoyo infalible del pueblo revolucionario de Cuba y con el de todos aquellos que han asumido el ideal de José Martí.

¡Que me escuche José Martí! Que esta medalla me oriente y oriente a mis camaradas a hacer triunfar la revolución al servicio de los pueblos que reclaman su felicidad.

Y no es casualidad que nuestro lema nacional se pueda resumir en un lema que conocéis muy bien:

Patria o muerte, ¡venceremos!

Discurso ante Naciones Unidas

—Pronunciado el 4 de octubre de 1984, ante la trigésimonovena sesión de la Asamblea General de la Organización de Naciones Unidas—

Señor secretario general,

honorables representantes de la Comunidad internacional:

Vengo en estos lugares aportarle la salvación fraternal de un país de 274.000 km2; donde siete millones de niños, de mujeres y de hombres, se niegan en lo sucesivo a morir de ignorancia, de hambre, de sed, no logrando vivir verdaderamente desde un cuarto de siglo de existencia como Estado soberano, ocupando un escaño en la ONU.

Vengo a esta Treinta y nueve sesión a hablarle a usted en nombre de pueblo que, sobre la tierra de sus antepasados, escogió, desde ahora en adelante, confirmarse y de asumir su historia, en sus aspectos positivos, como en sus aspectos negativos, sin complejo alguno.

Vengo por fin, autorizado por el Consejo Nacional de la Revolución (CNR) de Burkina Faso, para expresar el punto de vista de mi pueblo sobre lo que concierne a los problemas inscritos en el orden del dia, y que constituyen la trama trágica de los acontecimientos que agrietan dolorosamente los fundamentos del mundo en estos finales del vigésimo siglo. Un mundo donde la humanidad se transformó en circo, desgarrada por las luchas entre los grandes y los semigrandes, batida por bandas armadas, sometida a la violencia y el pillaje. Un mundo donde naciones, sustrayéndose a la jurisdicción internacional, acosan a grupos persona fuera de la ley, donde se vive de rapiñas, y que organiza tráficos innobles, fusil en la mano.

Señor Presidente

No tengo aquí la pretensión de enunciar dogmas. No soy un mesías ni un profeta. No detengo ninguna verdad. Mi sola ambición es una aspiración doble: primero, poder, en lenguaje simple, el de la evidencia y de la claridad, hablar en nombre de mi pueblo, el pueblo de Burkina Faso; en segundo lugar, llegar a expresar también, a mi manera, la voz del " Gran pueblo de los desheredados ", los que pertenecen a este mundo que maliciosamente se bautizó como Tercer Mundo. Y decir, si no logro darlos a entender, las razones que tenemos para rebelarnos.

De todo esto denota el interés a que nos referimos en la ONU, las exigencias de nuestros derechos que toman allí un vigor y el rigor de la conciencia clara de nuestros deberes.

Ninguno se asombrará de vernos asociar el ex Alto-Volta, hoy Burkina Faso, con este trastero despreciado, el Tercer Mundo, al que otro mundo inventó en el momento de las independencias formales, para asegurar mejor nuestra alienación cultural, económica y política. Queremos insertarnos en él sin justificar esta estafa gigantesca de la Historia. Todavía menos para aceptar ser " el trasero del mundo de Occidente". Pero para afirmar la conciencia de pertenecer a un conjunto tricontinental y admitir, como no alineados, y con la densidad de nuestras convicciones, que una solidaridad especial une estos tres continentes de Asia, de América Latina y de África en el mismo combate contra los mismos traficantes políticos, los mismos explotadores económicos.

Reconocer pues nuestra presencia en el seno del Tercer Mundo es, parafraseando a José Martí, "afirmar que sentimos sobre nuestra mejilla todo golpe dado a cualquier hombre del mundo". Tendimos hasta aquí la otra mejilla. Las bofetadas redoblaron. Pero el corazón del malo no se ablandó. Pisotearon la verdad del justo. Del Cristo traicionaron la palabra. Transformaron su cruz en porra. Y después de que se hubieran vestido con su túnica, laceraron nuestros cuerpos y nuestras almas. Oscurecieron su mensaje. Lo que los occidentales tienen lo recibíamos como liberación universal. Entonces, nuestros ojos se abrieron a la lucha de las clases. No habrá más bofetadas.

Hay que proclamar que no puede haber salvación para nuestros pueblos, si radicalmente damos la espalda a todos los modelos que los charlatanes de la misma índole tratan de vendernos durante veinte años. Ningún desarrollo aparte de esta rotura.

De repente, ese mundo es despertado por la subida vertiginosa de mil millones de hombres andrajosos, es asustado por la amenaza que supone para su digestión esta multitud acosada por el hambre, comienza a remodelar sus discursos y, en una búsqueda ansiosa, busca una vez más nuestro lugar, conceptos-milagros, nuevas formas de desarrollo para nuestros países. Basta para convencérselo de leer los numerosos actos de los coloquios innumerables y los seminarios.

Lejos de mí la idea de ridiculizar los esfuerzos pacientes de estos intelectuales honrados que, porque tienen ojos para ver, descubren las consecuencias terribles de los estragos impuestos por los susodichos "especialistas" en desarrollo en el Tercer Mundo. El temor que me habita es ver los resultados de tantas energías confiscadas por Prospéro de todo género, para hacerlo la varilla mágica destinada a reenviarnos un mundo de esclavitud maquillado según el gusto de nuestro tiempo.

La pequeña burguesía africana diplomada, si la del Tercer Mundo, por pereza intelectual, habiendo merendado al modo occidental de vida, no está dispuesta a renunciar a sus privilegios. Olvida que toda verdadera lucha política postula un debate teórico riguroso y niega el esfuerzo de reflexión que nos espera. Consumidora pasiva y lamentable, ella se rebosa de vocablos-fetiche por Occidente como lo hace su whisky y su champán, en sus salones a la armonía dudosa.

Rescatamos en vano los conceptos de negritud o de "African Personality" marcados ahora por los tiempos, las ideas verdaderamente nuevas nacidas cerebros de nuestros "grandes" intelectuales. El vocabulario y las ideas nos vienen por otra parte. Nuestros profesores, nuestros ingenieros y nuestros economistas se contentan con añadir a eso colorantes porque, universidades europeas devolvieron sólo sus diplomas y el terciopelo de los adjetivos superlativos.

Es necesario, es urgente que nuestro personal y nuestros trabajadores de la pluma se enteren que no hay escritura inocente. En estos tiempos de tempestades, no podemos dejar a nuestros enemigos de ayer y de hoy, el monopolio del pensamiento, de la imaginación y de la creatividad. Hace falta, antes de que sea demasiado tarde (porque ya es demasiado tarde) que estas élites, estos hombres de África, del Tercero Mundo, les vuelvan la cara a su sociedad, a la miseria que heredamos, para comprender no sólo que la batalla para un pensamiento al servicio de las masas desheredadas no es vana, sino que pueden volverse creíbles en el plano internacional. Realmente inventando, es decir, dando una imagen fiel de su pueblo. Una imagen que les permita realizar cambios profundos de la posición social y política, susceptibles de sacarnos de la dominación y de la explotación extranjeras que entregan nuestros Estados a la sola perspectiva de la quiebra.

Es lo que percibimos, nosotros, el pueblo burkinabè, en el curso de esta noche del 4 agosto de 1983, a los primeros centelleos de las estrellas en el cielo de nuestra Patria. Debíamos ponernos a la cabeza de levantamientos de campesinos que se miraban en los campos enloquecidos por la hijuela del desierto, agotadas por el hambre y la sed, abandonadas. Debíamos dar un sentido a las rebeliones gruñidoras de las masas urbanas ociosas, frustradas y cansadas de ver circular las limusinas de las élites enajenadas que se sucedían en la cabeza del Estado y que no les ofrecían nada más que las soluciones falsas pensadas y concebidas por otros cerebros. Debíamos dar peso ideológico a las luchas justas de nuestras masas populares, movilizadas contra el imperialismo monstruoso. A la rebelión pasajera, simple fuego de paja, debía sustituirse para siempre la revolución, la lucha eterna contra la dominación.

Otros han hablado antes que yo. Otros más, después de mí, dirán hasta
qué punto se ensanchó el foso entre los pueblos pudientes y los que aspiran sólo a aplacar su hambre, su sed, sobrevivir y conservar su dignidad. Pero ninguno imaginará hasta qué punto "el grano del pobre alimentó la vaca del rico".

En el caso del ex Alto Volta, el proceso era todavía más ejemplar. Éramos la condensación de todas las calamidades, que se derritieron sobre los países denominados "en vías de desarrollo". El testimonio de la ayuda presentada como la panacea y a menudo anunciada a bombo y platillo es aquí más elocuente. Son muy pocos los países que fueron, como el mío, tan inundados de ayudasinternacionales de toda clase. Esta ayuda es en principio considerada para contribuir al desarrollo. Busquemos en vano, en lo que fue en otro tiempo Alto Volta, los monos de lo que puede depender de un desarrollo. Los hombres, sea por ingenuidad o por egoísmo de clase, no pudieron, no quisieron dominar este flujo del exterior. Cogieron todo lo que quisieron y exprimieron, en interés de nuestro pueblo.

Analizando un cuadro publicado en 1983 por el Club de Sahel, Santiago Giri en su obra "Sahel Mañana", concluye con mucho sentido común que la ayuda a Sahel, a causa de su contenido y mecanismos, es sólo una ayuda a la supervivencia. Sólo, subraya, el 30 por ciento de esta ayuda bastaría para que el Sahel sobreviviera. Según Santiago Giri, esta ayuda exterior tenía otros fines: continuar desarrollando los sectores improductivos, imponer cargas intolerables a nuestros pequeños presupuestos, desorganizar nuestros campos, cavar los déficit de nuestra balanza comercial, acelerar nuestra deuda…

Sólo algunos datos para presentarles el ex Alto Volta:

- 7 millones de habitantes, más de 6 millones campesinas y de campesinos.

- Un índice de mortalidad infantil de 180 por cada mil.

- Una esperanza de vida que se limita a 40 años.

- Un índice de analfabetismo del 98 porciento, si concebimos el alfabetizado como el que sabe leer, escribir y hablar una lengua.

- Un médico para cada 50.000 habitantes.

- Un índice de escolarización de 16 porciento.

- Y, por fin, un producto interior bruto por habitante de 53.356 francos CFA, es decir, de apenas más 100 dólares.

El diagnóstico, evidentemente, era sombrío. La fuente del mal era la política. Por eso, el tratamiento sólo podía ser político.

Por cierto, animamos a que nos ayuden a evolucionar sin ayuda externa. Porque, en general, la política de asistencia sólo nos llega para desorganizarnos, esclavizarnos, desestabilizar nuestro espacio económico, político y cultural.

Escogemos arriesgarnos para ser más felices. Elegimos practicar nuevas técnicas.

Preferimos buscar formas de organización mejor adaptadas a nuestra civilización, rechazando de manera abrupta y definitiva toda suerte de imposiciones externas, para crear condiciones dignas, a la altura de nuestras ambiciones. Acabar con la supervivencia, aflojar las presiones, liberar nuestros campos de un inmovilismo medieval, democratizar nuestra sociedad, despertar los espíritus sobre un universo de responsabilidad colectiva, para atreverse a inventar el futuro. Reconstruir la administración cambiando la imagen del funcionario, sumergir nuestro ejército en el pueblo y recordarle sin cesar que sin formación patriótica, un militar es sólo un criminal en potencia. Ése es nuestro programa político.

En el plano de la gestión económica, simplemente hemos damos una lección. Aceptamos e imponemos la austeridad, con el fin de poder estar en condiciones de realizar grandes intenciones.

Ya, gracias al ejemplo de la Caja de solidaridad nacional (alimentada por contribuciones voluntarias) comenzamos a responder a las cuestiones crueles derivadas de la sequía. Sostuvimos y aplicamos los principios de Alma-Ata extendiendo los cuidados primarios de la salud. Hicimos nuestra, como política de Estado, la estrategia del GOBI FFF, preconizada por UNICEF.

A través del Oficio de Sahel de Unidas las Naciones, pensamos que las Naciones Unidas deberían permitir a los países afectados por la sequía la puesta en pie de un plan a medio y largo plazo, con el fin de alcanzar la autosuficiencia alimenticia.

Para preparar el siglo XXI, vamos a aplicar el programa especial "Instruyamos a nuestros niños", lanzando un programa inmenso de educación y formación de nuestros niños en una escuela nueva. Lanzamos, a través de la acción salvadora de los Comités de

Defensa de la Revolución, un vasto programa de construcción de viviendas sociales, 500 en tres meses, de caminos, de pequeñas conducciones de agua. Nuestra ambición económica es trabajar para que el cerebro y los brazos de cada burkinabè puedan por lo menos servir para él mismo y asegurarse, al menos, dos comidas al día y agua potable.

Juramos, proclamamos, que en lo sucesivo, en Burkina Faso, nada más se hará sin la participación del burkinabè. Nada que previamente hubiera sido decidido por nosotros. No habrá más atentados a nuestro pudor ni a nuestra dignidad.

Fuertes de esta certeza, querríamos que nuestra palabra se extendiera a todos los que sufren en sus carnes, los que sienten que una minoría de hombres o un sistema que les atrpella y aplasta se burlan de su dignidad de hombre.

Permítame, usted que me escucha, que lo diga: hablo ni siquiera en nombre de Burkina Faso, sino en nombre de todos los que sufren dolor en alguna parte.

Hablo en nombre de estos millones de seres que están en los guetos porque tienen la piel negra o porque son de cultura diferente y gozan de un estatuto apenas superior al del animal.

Sufro en nombre de los indios masacrados, atropellados, aplastados, humillados y confinados desde hace siglos en reservas, con el fin de que no aspiren a ningún derecho y el fin de que su cultura no pueda enriquecerse casándose en bodas felices en contacto con otras culturas, incluida la del invasor.

Exclamo en nombre de los parados de un sistema estructuralmente injusto y conyunturalmente descentrado, reducidos a ver pasar la vida sólo en el reflejo de cómo viven los más pudientes.

Hablo en nombre de las mujeres del mundo entero, que sufren un sistema impuesto por los varones. Para lo que nos concierne, estamos dispuestos a acoger todas las sugerencias del mundo entero, alcanzaremos la libertad total de la mujer burkinabè. A cambio, escúchenme todos los países, creemos en la experiencia positiva de contar con las mujeres en todos los escalones del aparato del Estado y de la vida social en Burkina Faso. Mujeres que luchan y proclaman con nosotros, que el esclavo que no es capaz de asumir su rebelión no merece que nadie se apiade de su suerte. Sólo la lucha libera. Hacemos un llamamiento a todas nuestras hermanas de todas las razas para que se lancen al asalto de la conquista de sus derechos.

Hablo en nombre de las madres de nuestros países desprovistos, que ven morir sus niños de malaria o de diarrea, ignorando que existen, para salvarles, unos medios simples que la ciencia de las multinacionales no les ofrece, prefiriendo invertir en los laboratorios de cosméticos y en la cirugía estética para los caprichos de algunas mujeres o de hombres, cuya coquetería es amenazada por los excesos de calorías de sus comidas demasiado ricas que a nosotros, los del Sahel, dos producen vértigo. Recomendamos seguir las medidas básicas contempladas en los informes de la OMS y el UNICEF. Decidimos adoptarlos y popularizarlos.

Hablo también en nombre del niño. El niño del pobre, que tiene hambre y que bizquea furtivamente hacia la abundancia amontonada en una tienda para ricos. La tienda protegida por un cristal espeso. El cristal defendido por una verja infranqueable. Y la verja guardada por un policía enguantado y armado de garrote. Este policía, colocado allí por el padre de otro niño que vendrá para servirse o más bien para hacerse servir.

Hablo en nombre de los artistas (poetas, pintores, escultores, músicos, actores), hombres de bien, que ven su arte prostituirse para la alquimia de las prestidigitaciones de mundo del espectáculo.

Grito en nombre de los periodistas que son reducidos al silencio, o sea a la mentira para no sufrir las leyes duras del paro.

Protesto en nombre de los deportistas del mundo entero, cuyos músculos son explotados por los sistemas políticos o los negociantes modernos de la esclavitud.

Mi país posee concentradas todas las desgracias de los pueblos. Es una síntesis dolorosa de todos los sufrimientos de la Humanidad, pero también, y sobre todo, concentra las esperanzas de nuestras luchas. Es por eso que naturalmente vibro en nombre de los enfermos que escudriñan con ansiedad el horizonte de una ciencia acaparada ahora por los vendedores de armas. Mis pensamientos van a todos los que son tocados por la destrucción de la naturaleza y a estos treinta millones de hombres que van a morir como cada año, derrotados por el arma temible del hambre.

Militar, no puedo olvidar a este soldado que obedece las órdenes, el dedo sobre el descanso, y que sabe que la pelota que va a irse lleva sólo el mensaje de la muerte.

Por fin, quiero indignarme y pensar en los palestinos, que una humanidad inhumana escogió sustituir por otro pueblo, ayer todavía martirizado. Pienso en este pueblo valiente y palestino, es decir en estas familias atomizadas que vagan por todas partes en busca de un asilo. Valientes, determinados, estoicos e infatigables, los palestinos recuerdan a cada conciencia humana la necesidad y la obligación moral de que se respeten los derechos de pueblo: con sus hermanos judíos, son antisionistas.

Al lado de mis hermanos soldados de Iran y de Iraq, que mueren en una guerra fratricida y suicida, también quiero sentirme próximo a los compañeros de Nicaragua cuyos puertos son minados, sus ciudades bombardeadas y que, a pesar de todo, se enfrentan con coraje y lucidez a su destino. Sufro con todos los que, en América Latina, sufren del embargo imperialista.

Quiero estar al lado de los pueblos afganos e irlandeses, al lado de los pueblos de Granada y de Timor Oriental, cada uno en busca de una felicidad dictada por la dignidad y las leyes de su cultura.

Me elevo aquí en nombre de todo los que buscan vanamente dejar oír su voz y que realmente hacerlo signifique que los tengan en cuenta. Sobre esta tribuna muchos me precedieron, otros vendrán después de mí. Pero sólo algunos pocos tomarán decisiones. Sin embargo, oficialmente somos iguales. Pues bien, yo me erijo como la voz de todos los que buscan vanamente su lugar en este foro para que se les oiga.

Nuestra revolución en Burkina Faso está abierta a las desgracias de todos los pueblos. Se inspira también en todas las experiencias de los hombres, desde el primer soplo de la Humanidad. Queremos ser los herederos de todas las revoluciones del mundo, de todas las luchas de liberación de los pueblos del Tercer Mundo. Estamos en la línea de los grandes cambios que transformaron el mundo. Sacamos fruto de la revolución americana, las lecciones de su victoria contra la dominación colonial y las consecuencias de esta victoria. Hacemos nuestra la afirmación de la doctrina de la no injerencia de los europeos en los asuntos americanos y los estadounidenses en los asuntos europeos. Lo que Monroe clamaba en 1823, « América para los estadounidenses », le repetimos diciendo « África para los africanos », « Burkina para los burkinabè ». La Revolución francesa de 1789, revolviendo los fundamentos del absolutismo, nos enseñó los derechos del hombre aliados a los derechos de los pueblos a la libertad. La gran revolución de octubre de 1917 transformó el mundo, permitió la victoria del proletariado, quebrantó los cimientos del capitalismo y la devoluvió los sueños de justicia a los franceses.

Abiertos a todos los vientos de la voluntad de los pueblos y de sus revoluciones, instruyéndonos también de ciertos fracasos terribles que condujeron a trágicas consecuencias contra los derechos del hombre, queremos conservar lo bueno de cada revolución: que el tuétano de la pureza nos prohíba enfeudarnos en las realidades de otros.

Señor Presidente,

No hay más engaño posible. El nuevo orden económico mundial por el cual luchamos y continuaremos luchando, puede realizarse sólo:

- Si llegamos a arruinar al antiguo orden que nos ignora,

- Si imponemos el sitio que nos corresponde en la organización política del mundo,

- Si, dándose cuenta de nuestra importancia en el mundo, obtenemos un derecho de mirada y de decisión sobre los mecanismos que rigen el comercio, la economía y la moneda a la escala planetaria.

El nuevo orden económico internacional se inscribe simplemente, al lado de todos los demás derechos de los pueblos, como el derecho a la independencia, a la elección libre de las formas y de las estructuras de gobierno, como el derecho al desarrollo. Y como todos los derechos de los pueblos jamás será el resultado de un acto de la generosidad de una potencia cualquiera.

Conservo en mí la confianza inquebrantable, la confianza compartida con la comunidad inmensa de los países no alineados, que ante los ataques bruscos y violentos del desamparo aullador de nuestros pueblos, nuestro grupo va a mantener su cohesión, a reforzar su poder de negociación colectiva, a establecer alianzas entre las naciones para organizar un sistema de relaciones económicas internacionales verdaderamente nuevas.

Señor Presidente,

Si acepté presentarme delante de esta asamblea ilustre para tomar la palabra, es porque, a pesar de las críticas enviadas por ciertas grandes contributeurs, las Naciones Unidas son la tribuna ideal para nuestras reivindicaciones, el lugar obligado para reclamar la legitimidad de los países sin voz.

Es esto lo que expresa nuestro Secretario general, cuando escribe: "La organización de las Naciones Unidas es única en lo que refleja las aspiraciones y las frustraciones de numerosos países y gobiernos del mundo entero. Uno de sus grandes méritos es que todas las Naciones, incluidas las que son débiles, oprimidas o víctimas de la injusticia, (se trata de nosotros), pueden, hasta cuando están confrontadas con las realidades duras del poder, encontrar allí una tribuna y hacerse oír allí. Una causa justa, aunque encuentra sólo revés o indiferencia, puede encontrar un eco en la Organización de las Naciones Unidas; este atributo de la Organización no siempre es apreciado, pero es esencial".

No podemos definir mejor el sentido de la Organización.

Para cada uno de nosotros, es imperativo consolidar los cimientos de nuestra Organización, darle los medios para que pueda actuar. Adoptamos en consecuencia las proposiciones cumbres a este fin por el Secretario general, para sacar la Organización de los numerosos callejones sin salida, cuidadosamente mantenidos por el juego de las grandes potencias, con el fin de desacreditarla ante los ojos de la opinión pública.

Señor Presidente,

Reconociendo los méritos mismos limitados de nuestra Organización, sólo puedo regocijarme por verla contar con nuevas adhesiones. Es por eso que la delegación burkinabè saluda la entrada del 159 Miembro de nuestra Organización: el Estado de Brunei Darussalam.

Es el desatino de de las manos que han regido la dirección del mundo obliga al Movimiento de los países no alineados, al cual lo espero, se sumará pronto el Estado de Brunei Darussalam. Consideramos como uno de los objetivos permanentes la lucha para conseguir el desarme y, otro aspecto esencial, nuestro derecho al desarrollo.

 Hace falta, según nuestra opinión, estudios serios que tomen en consideración todos los elementos que condujeron a las calamidades que se vertieron sobre la gente. A este título, el Presidente Fidel Castro en 1979, admirablemente expresó nuestro punto de vista en la apertura de la sexta cumbre de los Países no alineados cuando declaraba:

"Con 300 mil millones de dólares, podríamos construir en un año 600.000 escuelas que podrían recibir a 400 millones de niños; o 60 millones de viviendas confortables para 300 millones de personas; ó 30.000 hospitales equipados con 18 millones de las camas; o 20.000 fábricas que pueden emplear más de 20 millones de trabajadores o irrigar 150 millones de hectáreas de tierra que, con los medios técnicos adecuados, podrían alimentar a un mil millones de personas … "

Multiplicando hoy esta cifra por 10, ciertemente por debajo de la realidad, justamente coincide con lo que la Humanidad despilfarra cada año en el dominio militar, es decir, contra la paz.

Percibimos fácilmente por qué la indignación de los pueblos se transforma rápidamente en rebelión y en revolución contra las migajas que se les echa bajo la forma ignominiosa de una cierta "ayuda", combinada por condiciones a veces francamente abyectas. Comprendemos por fin por qué en el combate para el desarrollo, nos designamos como militantes incansables de la paz.

Juramos luchar para atenuar las tensiones, introducir los principios de una vida civilizada en las relaciones internacionales y extenderlos en todos los continentes. Lo que quiere decir que no podemos asistir pasivos, al tráfico de conceptos.

Reiteramos nuestra resolución de ser agentes activos de la paz; de ocupar nuestra plaza en el combate por el desarme; de actuar por fin en la política internacional como el factor decisivo y liberado de toda traba, frente de todas las grandes potencias, cualesquiera que sean los proyectos de éstas últimas.

Pero la búsqueda de la paz es posible con la aplicación firme del derecho de los países a la independencia, los pueblos a la libertad y las naciones a la existencia autónoma. Sobre este punto, la lista de premios más lamentable y más lamentable sí, más lamentable la tienen en Oriente Medio en términos de arrogancia, de insolencia y de terquedad increíble por un pequeño país, Israel, que, después de más de veinte años, con incalificable complicidad de su protector poderoso los Estados Unidos, continúan desafiando a la comunidad internacional.

Con desprecio a la historia que ayer todavía enviaba a cada judío al horror de los hornos crematorios, Israel logra infligir a otros esto que fue su propio calvario. De todas formas, Israel del que nos gusta el pueblo por su coraje y sus sacrificios de ayer, debe saber que las condiciones de su propia paz mental no residen en la potencia militar financiada del exterior. Israel debe comenzar a aprender a hacerse una nación como otras.

Por ahora, queremos afirmar desde lo alto de esta tribuna, nuestra solidaridad militante y activa con respecto a los combatientes, a mujeres y hombres, de este pueblo maravilloso de Palestina porque sabemos que no hay sufrimiento infinito.

Señor, el Presidente,

Analizando la situación que prevale en África sobre los planos económicos y políticos, no podemos olvidar las preocupaciones graves frente a los desafíos peligrosos lanzados a los derechos de los pueblos por ciertas naciones que, seguras de sus alianzas, abiertamente se burlan de la moral internacional.

Por cierto, tenemos el derecho a regocijarnos de la decisión de retirada de las tropas extranjeras del Chad, con el fin de que chadianos entre ellos, sin intermediarios, busquen los medios de poner fin a esta guerra fratricida, y dar por fin a este pueblo que no acaba de llorar desde numerosas invernadas, los medios para secar sus lágrimas. Pero, a pesar de los progresos registrados acá y allí por los pueblos africanos en su lucha por la emancipación económica, nuestro continente continúa reflejando la realidad esencial de las contradicciones entre las grandes potencias, acarreando los insoportables pesos del mundo contemporáneo.

Es por eso que tenemos por inadmisible y condenamos sin recurso, la suerte que infringe al pueblo de Sáhara Occidental el Reino de Marruecos, que se entrega a métodos dilatorios para retrasar el vencimiento que, de todo modo, le será impuesto por la voluntad del pueblo saharaui. Después de haber visitado personalmente las regiones liberadas por el pueblo saharaui, adquirí la confirmación que nada más en lo sucesivo sabría trabar su marcha hacia la liberación total de su país, bajo la conducta del la Frente Polisario.

Señor Presidente,

No querría extenderme demasiado sobre la cuestión de Mayotte y de las islas del Archipiélago malgache. Cuando las cosas son claras, cuando los principios son evidentes, sólo hay que trabajar. El Mayotte pertenece a las Comores. Las islas del archipiélago son malgaches.

En América Latina, saludamos la iniciativa del Grupo de Contadora, que constituye una etapa positiva en la búsqueda de una solución justa a la situación explosiva que prevalece allí. El comandante Daniel Ortega, en nombre del pueblo revolucionario de Nicaragua, hizo aquí proposiciones concretas y planteó las cuestiones de fondo al que tienen derecho. Esperamos ver la paz instalarse en su país y en América Central el próximo 15 de octubre. Tomamos por testigo a la opinión pública mundial.

Lo mismo que condenamos la agresión extraña de la isla de Granada, también fustigamos todas las intervenciones extrañas. Tampoco podemos callarnos frente a la intervención militar en Afganistán.

Es sin embargo un punto, pero la gravedad exige a cada uno de nosotros su explicación franca y decisiva. Esta cuestión, usted lo sospecha, puede sólo ser la de África del Sur. La insolencia increíble de este país con respecto a todas las naciones del mundo, hasta enfrente de las que sostienen el terrorismo que erige en sistema para liquidar físicamente la mayoría negra de este país, el desprecio que adopta con respecto a todas nuestras resoluciones, constituyen una de las preocupaciones más oprimentes del mundo contemporáneo.

Pero lo más trágico no es que África del Sur misma se haya puesto en contra a la comunidad internacional a causa de la abyección de las leyes del apartheid, todavía más lo es lo que continúa vigente ilegalmente en Namibia bajo la bota colonialista y racista, o sometiendo impunemente a sus vecinos a las leyes del bandolerismo. No, lo más abyecto, lo más humillante para la conciencia humana, es que haya llegado a "hacer trivial" la desgracia de millones de seres humanos que sólo tienen para defenderse su pecho y el heroísmo de sus manos desnudas. Segura de la complicidad de las grandes potencias y del empeño activo de algunas de ellas a su lado, así como de la colaboración criminal de algunos tristes dirigentes de países africanos, la minoría blanca ridiculiza los estados de alma de todos los pueblos, que, por todas partes a través del mundo encuentran intolerable el salvajismo de los métodos en uso en este país.

Fue el tiempo cuando las brigadas internacionales se constituían para ir a defender el honor de las naciones agredidas en su dignidad. Hoy, a pesar de la purulencia de las heridas que nosotros todos nos llevamos en nuestros costados, vamos a votar resoluciones sobre las que las solas virtudes, se nos dirá, serían conducir a arrepentimiento a una nación de corsarios que "destruye la sonrisa como el granizo las flores".

Señor Presidente,

Vamos pronto a celebrar ciento quincuagésimo aniversario de la emancipación de los esclavos del Imperio británico. Mi delegación suscribe la proposición de los países de Antigua y del Barbados de conmemorar este acontecimiento que reviste, para los países africanos y el mundo negro, un significado de una gran importancia. Para nosotros, todo lo que podrá ser hecho, ser dicho u organizado a través de la gente en el curso de las ceremonias conmemorativas, deberá poner el énfasis en el precio terrible pagado por África y la gente negra al desarrollo de la civilización humana. Escote pagado sin retorno y que explica, sin duda alguna, las razones de la tragedia que hoy se cierne sobre nuestro continente.

Es nuestra sangre se alimentó el vuelo del capitalismo, la devolución posible nuestra dependencia presente y se consolidó nuestro subdesarrollo. No podemos más escamotear la verdad, traficar con las cifras. Por cada negro que llegó a las plantaciones, cinco por lo menos conocieron a la muerte o la mutilación. Y omito a propósito, la desorganización del continente y las secuelas que se lo siguieron.

Señor Presidente,

Si la tierra entera, a gracias a usted, con la ayuda del Secretario general, alcanza con ocasión de este aniversario que hay que convencerse de aquella verdad, comprenderá por qué, con toda la tensión de nuestro ser, queremos la paz entre las naciones, por qué exigimos y reclamamos nuestro derecho al desarrollo en la igualdad absoluta, por una organización y una repartición justa de los recursos humanos.

Es porque, de todas las razas humanas, pertenecemos a las que más sufrieron, que juramos, nosotros los burkinabè, no aceptar nunca más la menor parcela de esta tierra, la omisión de justicia. Es la memoria del sufrimiento que nos coloca al lado del OLP contra las fuerzas armadas de Israel. Es la memoria del sufrimiento que, de una parte, nos hace sostener el ACN y el SWAPO, y por otra parte, nos hace intolerable la presencia en África del Sur de los hombres que se dicen blancos y que queman al resto del mundo sólo esgrimiendo ese título. Es por fin esta memoria la que nos hace depositar en la Organización de las Naciones Unidas toda nuestra fe en un deber común, en tarea común para una esperanza común.

Reclamamos:

- Que se intensifique a través del mundo la liberación de Nelson Mandela y su presencia efectiva en la Junta general próximo de la ONU como una victoria de orgullo colectivo.

- Qué sea creado como recuerdo de nuestros sufrimientos y a título de perdón colectivo un Precio internacional de la Humanidad reconciliada, concedido a todos los que por su búsqueda habrían contribuido a la defensa de los derechos del hombre.

- Qué todos los presupuestos de la carrera espacial sean amputados por 1/10000E Y consagrados a búsqueda del dominio de la salud, que apunta a la reconstitución del medio ambiente humano perturbado por todos estos fuegos de artificios perjudiciales para el ecosistema.

También proponemos que las estructuras de las Naciones Unidas sean repensadas y para que se dé fin a este escándalo que constituye el derecho de veto. Por supuesto, los efectos depravados de su uso abusivo son atenuados por la vigilancia de algunos de sus poseedores. Sin embargo, nada justifica este derecho: ni la talla de los países que lo detentan, ni las riquezas de estos últimos.

Si el argumento desarrollado para justificar tal iniquidad es el precio pagado en el curso de la guerra mundial, estas naciones, que se arrogaron estos derechos, deben saber que nosotros también nos tenemos cada uno un tío o un padre que, a ejemplo de millares de otros inocentes arrancados al Tercer Mundo para defender los derechos burlados por las hordas hitlerianas, lleva él también en su carne las magulladuras de las pelotas nazis. Que cese pues la arrogancia de los grandes que no pierden ninguna ocasión para devolver en causa el derecho de los pueblos. La ausencia de África del Club de los que detentan el derecho de veto es una injusticia que debe acabar.

Por fin mi delegación no habría cumplido todos sus deberes si no exigiera la suspensión de Israel y África del Sur de nuestra organización. Cuando, con el paso del tiempo, estos países hayan operado la mudanza que los introducirá en la Comunidad internacional, cada uno de nosotros, y mi país en cabeza, deberá acogerlos con bondad, guiar su primer paso.

Queremos reafirmar nuestra confianza en la Organización de las

Naciones Unidas. Le somos agradecidos del trabajo desarrollado por sus agencias en Burkina Faso y de la presencia de estas últimas a nuestro lado en los momentos duros que atravesamos.

Somos agradecidos a los miembros del Consejo de Seguridad por habernos permitido presidir dos veces este año los trabajos del Consejo. Deseamos ver al Consejo admitir solamente el exterminio de 30 millones de seres humanos cada año, por el arma del hambre que, en nuestros días, hace más estragos que el arma nuclear.

Esta confianza y esta fe en la Organización me obligan a agradecer al Secretario general, Sr. Xavier Pérez de Cuellar, la visita tan apreciada que nos hizo para comprobar, en el mismo sitio, las realidades duras de nuestra existencia y hacerse una imagen fiel de la aridez del Sahel y la tragedia del desierto conquistador.

No sabré acabar sin rendir homenaje a las calidades eminentes de nuestro Presidente (Pablo Lusaka de Zambia) que sabrá, con la clarividencia que le conocemos, dirigir los trabajos de esta Treinta y nueve sesión.

Señor Presidente,

Recorrí millares de kilómetros. Vine para pedirle a cada uno de ustedes que pudiéramos poner juntos nuestros esfuerzos para que cese el depósito de cadáveres de la gente que no tiene razón, para que se borre el espectáculo triste de los niños que mueren de hambre, para que desaparezca la ignorancia, para que triunfe la rebelión legítima pueblos, para que se calle el ruido de las armas y que, por fin, con una sola y misma voluntad, luchemos por la Supervivencia De la Humanidad, y lleguemos cantar en coro al gran poeta Novalis:

«Pronto los astros volverán a visitar la tierra de donde se alejaron durante nuestros tiempos oscuros; el sol depositará su espectro severo, volverá a ser estrella entre las estrellas, todas las razas del mundo se reunirán de nuevo, después de una separación larga, las familias viejas huérfanas se reencontrarán y cada día verá nuevos reencuentros, nuevos abrazo; entonces los habitantes del tiempo antaño volverán hacia la tierra, en cada tumba se despertará la ceniza apagada, por todas partes quemarán de nuevo las llamas de la vida, moradas viejas serán reconstruidas, los tiempos remotos se renovarán y la historia será el sueño de un obsequio a la extensión infinita».

¡Patria o muerte, venceremos!

Salvar el árbol, el medio ambiente y la vida misma

El imperialismo es el pirómano de nuestros bosques y nuestras sabanas

—En París, en la primera Conferencia por la Protección del Árbol y el Bosque, el 5 de febrero de 1986—

Mi patria, Burkina Faso, es indiscutiblemente uno de esos raros países de este planeta que tiene derecho a llamarse y verse a sí mismo como la concentración de todos los males naturales que la humanidad padece aún a fines del siglo XX.

Y, por tanto, esta realidad la han interiorizado dolorosamente durante 23 años los 8 millones de burkinabes. Han visto morir a sus madres, padres, hijos e hijas, a quienes el hambre, la hambruna, las enfermedades y la ignorancia han diezmado por centenares. Con lágrimas en los ojos han visto secarse charcas y ríos. Desde 1973, han visto deteriorarse el medio ambiente, morir los árboles y que el desierto los invade a pasos de gigante. Se calcula que en el Sahel el desierto avanza a unos 7 kilómetros por año.

Solo estas realidades permiten comprender y aceptar la rebelión legítima que nació, que maduró a través de un largo período y que finalmente estalló de manera organizada la noche del 4 de agosto de 1983 en Burkina Faso, bajo la forma de una revolución democrática y popular.

Aquí no soy más que un humilde portavoz de un pueblo que, habiendo visto morir pasivamente su ambiente natural, rehúsa verse morir. A partir del 4 de agosto de 1983, el agua, los árboles y la vida –por no decir la propia supervivencia– han sido elementos fundamentales y sagrados en todas las acciones del Consejo Nacional de la Revolución que dirige a Burkina Faso.

Por esta razón debo rendir también tributo al pueblo francés, a su gobierno y en particular a su presidente, el señor François Mitterrand, por esta iniciativa que traduce el genio político y la lucidez de un pueblo abierto siempre al mundo y sensible siempre a sus miserias. Burkina Faso, situada en el corazón del Sahel, sabrá apreciar siempre en su justo valor iniciativas que coincidan perfectamente con las preocupaciones vitales de su pueblo. Siempre que sea necesario, sabrá decir presente, algo que no haremos cuando se trate de paseos inútiles.

Ya van a ser tres años que mi pueblo, el pueblo burkinabé, libra un combate contra la desertificación. Era su deber, por tanto, estar presente en esta tribuna para hablar de sus experiencias y, a la vez, beneficiarse de la experiencia de otros pueblos del mundo. Ya van a ser tres años que en Burkina Faso todos los acontecimientos dichosos –matrimonios, bautismos, condecoraciones, visitas de personalidades y demás– se celebran con una ceremonia de plantación de árboles.

Para el año nuevo en 1986, todas las escolares, todos los escolares y alumnos de secundaria de nuestra capital, Uaadugu, construyeron con sus propias manos más de 3 500 hornillos perfeccionados para ofrecérselos a sus madres, y que se suman a los 80 mil hornillos confeccionados por las propias mujeres en dos años. Esa fue su contribución al esfuerzo nacional para reducir el consumo de leña y salvaguardar los árboles y la vida.

El acceso a la propiedad o al simple alquiler de los cientos de viviendas sociales construidas a partir del 4 de agosto de 1983 está estrictamente condicionado a que el beneficiario se comprometa a sembrar una cantidad mínima de árboles y a cuidarlos como a las niñas de sus ojos. Ya se ha expulsado a beneficiarios irrespetuosos de su compromiso, gracias a la vigilancia de nuestros Comités de Defensa de la Revolución, esos mismos CDR que las lenguas malintencionadas se placen en denigrar de forma sistemática y sin matiz alguno.

Tras haber vacunado en todo el territorio nacional en unos 15 días a 2 millones 500 mil niños entre las edades de 9 meses y 14 años – de Burkina Faso y de países vecinos– contra el sarampión, la meningitis y la fiebre amarilla, tras haber realizado más de 150 perforaciones para garantizar el aprovisionamiento de agua potable a la veintena de sectores de nuestra capital que hasta entonces estuvieron privados de esa necesidad esencial, y tras haber elevado en dos años la tasa de alfabetización del 12 por ciento al 22 por ciento, el pueblo burkinabe continúa victoriosamente su lucha por una Burkina verde.

Se han sembrado 10 millones de árboles en 15 meses dentro del marco de un Programa Popular de Desarrollo: nuestra primera apuesta como un anticipo al Plan Quinquenal. En los pueblos, en los valles administrados de nuestros ríos, cada familia debe sembrar 100 árboles por año.

La tala y el comercio de la leña han sido completamente reorganizados y son vigorosamente disciplinados. Estas actividades exigen poseer un carnet de comerciante de leña, respetar las zonas afectadas en el corte de leña, así como la obligación de asegurar la reforestación de las zonas taladas. Hoy día, cada aldea y cada pueblo burkinabe posee una arboleda, rehabilitándose así una tradición ancestral.

Gracias al esfuerzo por lograr que las masas populares reconozcan sus responsabilidades, hemos librado a los centros urbanos de la plaga de la deambulación de animales. En el campo, nuestros esfuerzos se concentran en la sedentarización del ganado a fin de privilegiar la cría intensiva para luchar contra el nomadismo salvaje.

Todos los actos criminales de pirómanos que incendian bosques, los juzgan y sentencian los Tribunales Populares de Conciliación de las aldeas. Entre las sanciones impuestas por dichos tribunales figura la siembra obligatoria de cierto número de árboles.

Del 10 de febrero al 20 de marzo próximos, más de 35 mil campesinos –responsables de grupos y de cooperativas de aldeas– van a tomar cursos intensivos alfabetiza-dores en materia de administración económica, de organización y de conservación del medio ambiente.

Desde el 15 de enero, en Burkina se desarrolló una vasta operación denominada "Recolección popular de semillas forestales", con miras a aprovisionar a los 7 mil viveros en las aldeas. Nosotros resumimos todas estas actividades bajo la consigna de "Las tres luchas".

Señoras, señoritas y señores,

No intento ensalzar de forma irrestricta y desmedida la modesta experiencia revolucionaria de mi pueblo en materia de la defensa del árbol y de los bosques. Intento hablarles de la forma más explícita posible sobre los profundos cambios que están en curso en Burkina Faso en la relación que existe entre el hombre y el árbol. Intento dar testimonio de la forma más fiel posible del nacimiento y desarrollo de un amor sincero y profundo en mi patria entre el hombre burkinabe y los árboles.

Al hacerlo, creemos que traducimos sobre el terreno nuestras concepciones teóricas con respecto a las vías y los medios específicos de nuestras realidades sahelianas, en la búsqueda de soluciones ante los peligros presentes y futuros que agreden a los árboles a nivel mundial.

Los esfuerzos, tanto de toda la comunidad aquí reunida como los nuestros, las experiencias acumuladas por ustedes y por nosotros, seguramente serán a la vez la garantía de victorias constantes y sostenidas para salvar el árbol, el medio ambiente y, sencillamente, la vida.

Excelencias, damas y caballeros,

He venido ante ustedes porque esperamos que entablen un combate del que nosotros no podemos estar ausentes, nosotros que somos agredidos a diario y que esperamos que el milagro verdeciente surja del coraje de decir lo que se debe decir. He venido a unirme a ustedes para deplorar los rigores de la naturaleza. He venido ante ustedes para denunciar al hombre cuyo egoísmo es causa de la desgracia de su prójimo. El pillaje colon ialista ha diezmado nuestros bosques sin la menor idea de reemplazarlos para nuestro porvenir.

Continúa la perturbación impune de la biosfera por medio de incursiones salvajes y asesinas sobre la tierra y en el aire. Y jamás se podrá decir cuánto propagan la matanza todas esas máquinas que emiten gases. Quienes tienen los medios tecnológicos para determinar culpabilidades no están interesados en hacerlo, y quienes están interesados no tienen los medios tecnológicos. No tienen más que su intuición y su convicción profunda.

No estamos contra el progreso, pero no deseamos que el progreso sea anárquico ni criminalmente negligente hacia los derechos de los demás. Queremos afirmar, por tanto,que la lucha contra la desertificación es una lucha para establecer un equilibrio entre el hombre, la naturaleza y la sociedad. Por esta razón es, sobre todo, una lucha política y no una fatalidad.

La creación de un Ministerio del Agua, que viene a complementar el Ministerio del Ambiente y Turismo en mi país, subraya nuestro deseo de plantear claramente los problemas a fin de poder resolverlos. Debemos luchar para encontrar los medios financieros con miras a explotar nuestros recursos hidráulicos existentes – perforaciones, embalses y diques–. Este es el lugar para denunciar los contratos leoninos y las condiciones draconianas impuestas por los bancos y organismos financieros que condenan nuestros proyectos en esta materia. Son esas las condiciones prohibitivas que provocan el endeudamiento traumatizante de nuestros países, que impiden todo margen de acción real.

Ni los falaces argumentos malthusianos –y yo afirmo que África sigue siendo un continente subpoblado– ni esas colonias de vacaciones bautizadas pomposa y demagógicamente "operaciones de reforestación" constituyen respuestas. A nosotros y a nuestra miseria se nos rechaza como a esos perros pelados y sarnosos cuyas jeremiadas y clamores perturban la callada tranquilidad de los fabricantes y mercaderes de miseria.

Por eso Burkina ha propuesto, y propone siempre, que por lo menos el 1 por ciento de las colosales sumas de dinero que se sacrifican en la búsqueda de la cohabitación con otros astros se utilice para financiar de forma compensatoria proyectos de lucha para salvar los árboles y la vida. No perdemos la esperanza de que un diálogo con los marcianos pudiera resultar en la reconquista del Edén. Mientras tanto, terrícolas que somos, tenemos también el derecho de rehusar una opción que se limite a la simple alternativa entre infierno y purgatorio. Si se formula así, nuestra lucha en defensa de los bosques y los árboles es, ante todo, una lucha popular y democrática. ¡La conmoción estéril y costosa de unos cuantos ingenieros y expertos en silvicultura jamás va a lograr nada! Como tampoco las conciencias conmovidas, sinceras y loables de los múltiples foros e instituciones podrán hacer que el Sahel vuelva a reverdecer en tanto no haya dinero para perforar pozos de agua potable de unos 100 metros, ¡mientras que sobra para perforar pozos petroleros de 3 mil metros!

Como dijo Carlos Marx, los que viven en un palacio no piensan en las mismas cosas, ni de la misma forma, que los que viven en una choza. Esta lucha para defender los árboles y los bosques es, ante todo, una lucha antiimperialista. El imperialismo es el pirómano de nuestros bosques y de nuestras sabanas.

Señores presidentes, señores primeros ministros, damas y caballeros,

Nos hemos apoyado en estos principios de lucha revolucionarios para que el verde de la abundancia, de la alegría y de la felicidad conquiste sus derechos. Creemos en la virtud de la revolución para detener la muerte de nuestro Faso y para abrirle un futuro de dicha.

Sí, la problemática en torno a los árboles y los bosques es exclusivamente la de la armonía entre el individuo, la sociedad y la naturaleza. Este combate es posible. Nosotros no reculamos ante la inmensidad de la tarea ni le damos la espalda al sufrimiento de los demás, pues la desertifica-ción no tiene fronteras.

Este combate lo podemos ganar si elegimos ser arquitectos y no simplemente abejas[1].Será la victoria de la conciencia sobre el instinto. La abeja y el arquitecto, ¡sí! Y si el autor me lo permite, voy a extender esta analogía dualista y a hacerla un tríptico, es decir: la abeja, el arquitecto y el arquitecto revolucionario.

---

1 Sankara alude aquí a la obra del presidente francés (de 1981 a 1995) François Mitterrand: *La abeja y el arquitecto.* (*L'Abeille et l'architect.* Paris: Flammarion, 1978.

¡Patria o muerte, venceremos!

Gracias.

La revolución de Burkina Faso
se está consolidando

—Entrevista concedida a Rabio Habana-Cuba el 19 de julio de 1986—

Compañero Presidente, ¿cual es la posición de Burkina Faso con respecto a la lucha contra el apartheid?

El apartheid es hoy una forma de nazismo moderno. El apartheid es un elemento vivo del imperialismo de nuestros tiempos. En definitiva el apartheid es también una estratagema en la lucha de clases por la explotación del hombre por el hombre. Por lo tanto, táctica y estratégicamente debemos combatir el apartheid no porque somos negros, sino simplemente porque somos hombres y no animales y porque hemos escogido en el marco de la lucha de clases, la clase del futuro, la clase de los trabajadores, que hace a los hornbres libres. prósperos y felices.

¿Qué se hace concretamente en Burkina Faso para luchar contra el apartheid?

Burkina Faso organiza Ia lucha contra el apartheid a varios niveles, existen organizaciones sociales como el Movimiento Burkinabés contra el Racismo y el Apartheid, pero sobre todo en la formación política e ideológica de todos los burkinabeses en el seno de los Comités de Defensa de la Revolución, les indicamos todos los enemigos posibles de la humanidad y de nuestro pueblo, entre los cuales figura el apartheid. Tomamos medidas legislativas, administrativas, jurídicas y políticas contra el apartheid.

Boicoteamos las actividades internacionales en las cuales se trata de imponer Ia presencia de los responsables, los partidarios, los actores del apartheid.

Lo combatimos en el deporte, en las actividades culturales, en las reuniones internacionales. Combatimos económicamente el apartheid aunque Burkina Faso es un país pequeño, económicamente débil; combatimos el apartheid y rechazamos los productos del apartheid. Nuestro combate continúa igualmente por medio del internacionalismo proletario para desear una unidad de acción y de pensamiento con otros hombres para cerrarle el paso al apartheid, y exterminar ese cáncer que mina no sólo a Africa, sino también a toda la humanidad. Es por eso que denunciamos con todas nuestras fuerzas a todos los gobiernos y regimenes que en su hipocresía se dicen opuestos al apartheid, pero que en realidad son los verdaderos agentes, los principales proveedores del apartheid de Africa del Sur. Todos merecen la misma suerte que los Pieter Botha, y más aún porque finalmente Pieter Botha es solamente el brazo pero ellos son el cerebro.

¿Cual es la significación de la próxima cumbre de Ia OUA para Burkina Faso?

La próxima Cumbre de Ia OUA (Organización de Unidad Africana) deberá constituir un jalón extremadamente importante en Ia toma de conciencla, pero sobre todo en la movilización efectiva de las energías multiformes contra el apartheid e igualmente contra los demás males que acosan a Africa, en particular el endeudamiento.

Un endeudamlento que debemos denunciar como el segundo saqueo, un robo en segundo plano, de Segundo grado de los recursos africanos. Fuimos colonizados, explotados. Nuestros recursos fueron saqueados. Hoy todavía quieren que reembolsemos deudas que nunca contraímos para nuestra felicidad, sino que nos fueron impuestas por esos mismos que en el desbordamiento de su capitalismo juzgaron indispensables crearse nuevos mercados, invadirlos y dominarlos por Ia potencia financiera.

Compañero Presidente, próximamente Burkina Faso celebrará el tercer aniversario de su revolución. ¿Cual es la situación de Burkina Faso actualmente?

Burkina Faso se encuentra en Ia trayectoria luminosa de las victorias revolucionarias. La edificación de una sociedad nueva en beneficio de un pueblo que ha sufrido por muchísimo tiempo pero que, por suerte desde el 4 de agosto de 1983 con Ia Ilegada de Ia revolución democrática y popular se ve con Ia posibilidad de vislumbrar un futuro de nuevo tipo. Nuestra revolución de tres años se está consolidando. Numerosos logros sociales constituyen una Iista infinita de victorias en el campo de la salud.

Hemos logrado numerosas victorias en el campo de la educación. Millares de escuelas se han construido. En el campo de la salud se han constituido miles y miles de postas médicas, se instaló especialmente una posta por pueblo: esta fue una consigna.

Una campaña de vacunación se extendió a todo el país e inclusive niños de los países hermanos y vecinos fueron vacunados a todo lo largo de la frontera sin tener en cuenta el régimen politico, sin tener en cuenta la discordia que existe entre uno u otro vecino y nosotros. Lo hicimos en nombre del amor por los demás pueblos.

Pero estamos logrando otras victorias económicas y el plan quinquenal que arranca el 4 de agosto próximo, al mismo tiempo que los actos de celebración del tercer aniversario serán un reto que nuestro pueblo deberá vencer y que vencerá seguramente para la edificación de una sociedad aún más feliz, para que nos lleve a un futuro radiante. Pero sobre todo políticamente nuestra revolución está saliendo adelante a pasos agigantados elaborando nuestra táctica y estrategia así como armados con la ideología que nos enseñaron los grandes educadores del proletariado, estamos construyendo una organización política.

Como decía Lenin, sin organización revolucionaria, sin ideología revolucionaria no habrá revolución. Es por todas estas razones que nuestro pueblo está cada vez más seguro que el combate difícil que le espera será un combate victorioso porque las fuerzas revolucionarlas se organizan cada vez más sobre una base sansa, una base ideológica clara y una unidad de acción dinámica pues, para lograr más para el provecho de todo nuestro pueblo y para el provecho de otros pueblos ya que aquí decimos que el que ame a su pueblo ama a los demás pueblos.

Quisiera aprovechar para saludar al pueblo cubano, a la Revolución Cubana y especialmente al gran camarada Fidel Castro por la clarividencia y el sentido internacionalista del compromiso de Cuba. Es por eso que en Cuba como aquí decimos "Patria o Muerte, Venceremos".

Compañero Presidente, para terminar quisiera que transmitiera un mensaje personal a Nelson Mandela.

Le dire a Nelson Mandela que ningún sufrimiento es deseable para un ser humano salvo para los masoquistas. Pero cuando se sufre, cuando se soporta la pena y el martirio por otros hombres, por pueblos enteros, solo se puede ser feliz, ya que se logra el milagro de transformar la pena, el dolor, y el martirio en felicidad sublime, en victoria radiante por el provecho de los demás hombres, se irradia Ia humanidad de una savia vivificante, una savia que despierta a los más temerosos y que empuja más hacia adelante a los que están ya comprometidos.

En este sentido, Nelson Mandela en prisión es mil veces más Iibre, mil veces más felíz que aquellos que afuera, se consumen bajo Ia explotación del hombre por el hombre o peor aún sirven los intereses objetivos de los enemigos de los pueblos, especlaimente del imperialismo arrogante de nuestro tiempo.

La liberación de la mujer

Una exigencia del futuro

—Discurso pronunciado en Uagadugú el 8 de marzo de 1987—

No es corriente que un hombre se dirija a tantas mujeres a la vez. Tampoco lo es que un hombre sugiera a tantas mujeres a la vez las batallas que hay que lidiar.

La primera timidez del hombre surge cuando se percata de que está mirando a una mujer. Comprenderéis, compañeras militantes, que a pesar de la alegría y el placer que siento al dirigirme a vosotras, sigo siendo un hombre que ve en cada una de vosotras a la madre, la hermana o la esposa. También me gustaría que nuestras hermanas aquí presentes, que han venido de Kadiogo y no entienden la lengua francesa extranjera en la que voy a pronunciar mi discurso, sean tan comprensivas como de costumbre, ellas que, como nuestras madres, aceptaron llevarnos durante nueve meses sin quejarse. (Intervención en lengua nacional mooré para asegurar a las mujeres que habrá una traducción para ellas.)

Compañeras, la noche del 4 de agosto alumbró la obra más saludable para el pueblo burkinabè. Le dio a nuestro pueblo un nombre y a nuestro país un horizonte.

Irradiados por la savia vivificante de la libertad, los hombres burkinabè, humillados y proscritos de ayer, fueron marcados con el signo de lo que más se aprecia en la vida: la dignidad y el honor. A partir de entonces la felicidad ha estado a nuestro alcance y todos los días marchamos hacia ella, exaltados por las luchas, pioneras de los grandes pasos que ya hemos dado. Pero la felicidad egoísta no es más que una ilusión, y tenemos a una gran ausente: la mujer. Ha quedado excluida de esta procesión feliz.

Si unos hombres han llegado ya a la linde del gran jardín de la revolución, las mujeres todavía están confinadas en su oscuridad ninguneante, desde donde comentan animada o discretamente las vicisitudes que han agitado Burkina Faso y para ellas, de momento, sólo son clamores.

La lucha de clases y la cuestión de la mujer

El materialismo dialéctico es el que ha arrojado sobre los problemas de la condición femenina la luz más fuerte, la que nos permite situar el problema de la explotación de la mujer en el seno de un sistema generalizado de explotación. Es también el que define la sociedad humana no ya como un hecho natural inmutable, sino como algo antinatural.

La humanidad no padece pasivamente el poder de la naturaleza. Sabe aprovecharlo. Este aprovechamiento no es una operación interior y subjetiva. Se efectúa objetivamente en la práctica, si se deja de considerar a la mujer como un simple organismo sexuado para tomar conciencia, más allá de los hechos biológicos, de su valor en la acción.

Además, la conciencia que la mujer adquiere de sí misma no está definida exclusivamente por su sexualidad. Refleja una situación que depende de la estructura económica de la sociedad, resultado de la evolución técnica y de las relaciones entre clases a las que ha llegado la humanidad.

La importancia del materialismo dialéctico radica en haber sobrepasado los límites esenciales de la biología, en haber soslayado las tesis simplistas del sometimiento a la especie, para situar todos los hechos en el contexto económico y social. Por muy lejos que nos remontemos en la historia humana, el dominio del hombre sobre la naturaleza nunca se ha realizado directamente, con su cuerpo desnudo. La mano, con su pulgar prensil, ya se tiende hacia el instrumento que multiplica su poder. De modo que no son las condiciones físicas, la musculatura, el parto, por ejemplo, lo que consagró la desigualdad social entre el hombre y la mujer. Tampoco la confirmó la evolución técnica como tal. En algunos casos, y en algunos lugares, la mujer pudo anular la diferencia física que la separa del hombre.

El paso de una forma de sociedad a otra es lo que institucionaliza esta desigualdad. Una desigualdad creada por la mente y por nuestra inteligencia para hacer posible la dominación y la explotación concretadas, representadas y experimentadas por las funciones y las atribuciones a las que hemos relegado a la mujer.

La maternidad, la obligación social de ajustarse a los cánones de lo que los hombres desean como elegancia, impiden que la mujer que lo desee se dote de una musculatura considerada masculina.

Según los paleontólogos, durante milenios, del paleolítico a la Edad del Bronce, las relaciones entre los sexos se caracterizaron por una complementariedad positiva. Estas relaciones permanecieron durante ocho milenios bajo el signo de la colaboración y la interferencia, y no de la exclusión propia del patriarcado absoluto, más o menos generalizado en la época histórica.

Engels tuvo en cuenta la evolución de las técnicas, pero también la esclavización histórica de la mujer, que nació con la propiedad privada, con el paso de un modo de producción a otro, de una organización social a otra.

Con el intenso trabajo necesario para roturar los bosques, cultivar la tierra y sacar el máximo provecho a la naturaleza, se produce una especialización de tareas. El egoísmo, la pereza, la comodidad, el esfuerzo mínimo para obtener un beneficio máximo surgen de las profundidades del hombre y se erigen en principios. La ternura protectora de la mujer hacia su familia y su clan son una trampa que la somete al dominio del macho. La inocencia y la generosidad son víctimas del disimulo y los cálculos egoístas. Se hace burla del amor, se mancilla la dignidad. Todos los sentimientos verdaderos se convierten en mercancía. A partir de entonces el sentido de la hospitalidad y de compartir que tienen las mujeres sucumbe a la artimañas de los astutos.

Aunque es consciente de las artimañas que están detrás del reparto desigual de tareas, ella, la mujer, sigue al hombre para cuidar de todo lo que ama. Él, el hombre, se aprovecha de esa entrega. Más adelante el germen de la explotación culpable establece unas reglas atroces que van más allá de las concesiones conscientes de la mujer, históricamente traicionada.

Con la propiedad privada la humanidad instaura la esclavitud. El hombre amo de sus esclavos y de la tierra pasa a ser propietario también de la mujer. Esta es la gran derrota histórica del sexo femenino. Se explica por los cambios profundos creados por la división del trabajo, debido a los nuevos modos de producción y a una revolución en los medios de producción.

Entonces el derecho paterno sustituye al derecho materno; la transmisión dc la propiedad se hace de padres a hijos, y no ya de la mujer a su clan. Es la aparición de la familia patriarcal, basada en la propiedad personal y única del padre, convertido en cabeza de familia. En esta familia la mujer está oprimida. El hombre, amo y señor, da rienda suelta a sus caprichos sexuales, se aparea con las esclavas o las hetairas. Las mujeres son su botín y sus conquistas de mercado. Se aprovecha de su fuerza de trabajo y disfruta de la diversidad del placer que le deparan.

La mujer, por su parte, cuando los amos hacen que la reciprocidad sea posible, se venga con la infidelidad. Es así como el matrimonio conduce de forma natural al adulterio. Es la única defensa de la mujer contra su esclavitud doméstica. La opresión social es la expresión de la opresión económica.

En este ciclo de violencia, la desigualdad sólo acabará con el advenimiento de una sociedad nueva, es decir, cuando los hombres y las mujeres disfruten de los mismos derechos sociales, producto de cambios profundos en los medios de producción y en las relaciones sociales. La suerte de la mujer sólo va a mejorar con la liquidación del sistema que la explota.

En todas las épocas, allí donde el patriarcado triunfaba, hubo un estrecho paralelismo entre la explotación de clase y el sometimiento de las mujeres. Con algunos momentos de mejoría, cuando algunas mujeres, sacerdotisas o guerreras, lograron sacudirse el yugo opresor. Pero la tendencia principal, tanto en la prácti
ca cotidiana como en el plano intelectual, sobrevivió y se consolidó. Destronada de la propiedad privada, expulsada de sí misma, relegada a la categoría de nodriza y criada, desestimada por filósofos como Aristóteles, Pitágoras y otros, y por las religiones más extendidas, desvalorizada por los mitos, la mujer compartía la suerte del esclavo, que en la sociedad esclavista no era más que una bestia de carga con rostro humano.

No es de extrañar, entonces, que en su fase expansiva, el capitalismo, para el que los seres humanos son meras cifras, fuera el sistema económico que explotó a la mujer con más cinismo y refinamiento. Como esos fabricantes de la época que sólo empleaban a mujeres en sus telares mecánicos. Preferían a las mujeres casadas y entre ellas a las que tenían en casa varias bocas que alimentar, porque eran mucho más cuidadosas y dóciles que las solteras. Trabajaban hasta el agotamiento para dar a los suyos los medios de subsistencia indispensables.

Es así como las cualidades propias de la mujer se adulteran en su detrimento, y todos los elementos morales y delicados de su naturaleza se utilizan para esclavizarla. Su ternura, el amor a su familia, su la meticulosidad en el trabajo se utilizan contra ella, mientras que no se perdonan sus defectos.

A través de los tiempos y los tipos de sociedades, la mujer siempre ha tenido una triste suerte: la desigualdad, siempre ratificada, frente al hombre. Las manifestaciones de esta desigualdad han podido ser muy diversas, pero siempre ha existido.

En la sociedad esclavista, el hombre esclavo estaba considerado como un animal, un medio de producción de bienes y servicios. La mujer, cualquiera que fuera su rango, estaba oprimida dentro de su propia clase y fuera de ella, incluso las que pertenecían a las clases explotadoras.

En la sociedad feudal, basándose en la supuesta debilidad física o psíquica de las mujeres, los hombres las sometieron a una dependencia absoluta del hombre. A la mujer la mantenían, con pocas excepciones, apartada de los lugares de culto, por considerarla impura o principal agente de indiscreción.

En la sociedad capitalista, la mujer, que ya sufría una persecución en el orden moral y social, también está sometida económicamente. Mantenida por el hombre cuando no trabaja, sigue estándolo cuando se mata a trabajar. Nunca se insistirá bastante en la miseria de las mujeres, nunca se hará suficiente hincapié en su semejanza con la miseria de los proletarios.

Sobre la especificidad del hecho femenino

Porque la explotación asemeja a la mujer con el hombre.

Pero esta semejanza en la explotación social de los hombres y las mujeres, que vincula la suerte de ambos en la Historia, no debe hacernos perder de vista el hecho específico de la condición femenina. La condición de la mujer rebasa las entidades económicas y confiere un carácter singular a la opresión que sufre. Esta singularidad impide establecer equivalencias que nos llevarían a simplificaciones fáciles e infantiles. En la explotación, la mujer y el obrero están reducidos al silencio. Pero en el sistema capitalista, la mujer del obrero debe guardar silencio ante su marido obrero. En otras palabras, a la explotación de clase que tienen ambos en común viene a sumarse, para las mujeres, una relación singular con el hombre, una relación de enfrentamiento y agresión que se escuda en las diferencias físicas para imponerse.

Debemos admitir que la asimetría entre los sexos es lo que caracteriza a la sociedad humana, y que esta asimetría define una relación que nos impiden ver a la mujer, aun en el ámbito de la producción económica, como una simple trabajadora. Una relación preferente y peligrosa, merced a la cual la cuestión de la mujer siempre se plantea como un problema.

El hombre, por tanto, se escuda en la complejidad de esta relación para sembrar la confusión entre las mujeres y sacar partido de todas las artimañas de la explotación de clase para mantener su dominio sobre las mujeres. De un modo similar, en otras ocasiones, unos hombres dominaron a otros porque consiguieron imponer la idea de que en virtud de la estirpe, la cuna, el «derecho divino», unos hombres eran superiores a otros. Es el dominio feudal. Del mismo modo, en otras ocasiones, otros hombres consiguieron someter pueblos enteros porque el origen y la explicación del color de su piel les dieron una justificación supuestamente «científica» para dominar a quienes tenían la desgracia de ser de otro color. Es el dominio colonial. Es el apartheid.

No podemos pasar por alto esta situación de las mujeres, porque es la que lleva a las mejores de ellas a hablar de guerra de sexos, cuando se trata de una guerra de clanes y de clases en la que debemos pelear juntos y complementarnos. Pero hay que admitir que es la actitud de los hombres lo que propicia la alteración de los significados y con ello fomenta todos los excesos semánticos del feminismo, algunos de los cuales no han sido inútiles en el combate de hombres y mujeres contra la opresión. Un combate que podemos ganar, que vamos a ganar si recuperamos la complementariedad, si sabemos que somos necesarios y complementarios, si sabemos, en definitiva, que estamos condenados a la complementariedad.

Por ahora, hemos de reconocer que el comportamiento masculino, tan cargado de vanidad, irresponsabilidad, arrogancia y violencia de todo tipo para con la mujer, es incompatible con una acción coordinada contra la opresión de esta. Y qué decir de esas actitudes que denotan estupidez, pues no son más que desahogos de machos oprimidos que, con el trato brutal a su mujer, pretenden recuperar por su cuenta una humanidad que el sistema de explotación les niega.

La estupidez masculina se llama sexismo o machismo, formas de indigencia intelectual y moral, incluso de impotencia física más o menos declarada, que muchas veces hace que las mujeres políticamente conscientes consideren necesario luchar en dos frentes.

Para luchar y vencer, las mujeres deben identificarse con las clases sociales oprimidas: los obreros, los campesinos…

Un hombre, por oprimido que esté, siempre encuentra a alguien a quien oprimir: su mujer. Esa es la terrible realidad. Cuando hablamos del infame sistema del apartheid nuestro pensamiento y nuestra emoción se dirigen a los negros explotados y oprimidos. Pero nos olvidamos, lamentablemente, de la mujer negra que soporta a su hombre, ese hombre que, provisto de su passbook (salvoconducto), se permite unas correrías culpables antes de volver con la compañera que le espera dignamente, con su sufrimiento y su pobreza.

Pensemos también en la mujer blanca de África del Sur, aristócrata, seguramente rodeada de bienes materiales, pero por desgracia máquina de placer de esos hombres blancos lúbricos que para olvidar sus fechorías contra los negros se entregan a un desenfreno desordenado y perverso de relaciones sexuales bestiales.

Tampoco faltan ejemplos de hombres progresistas que viven alegremente en adulterio, pero serían capaces de matar a su mujer por una simple sospecha de infidelidad. ¡Entre nosotros abundan esta clase de hombres, que van a buscar un supuesto consuelo en brazos de prostitutas y cortesanas de todo tipo! Por no hablar de los maridos irresponsables, cuyos sueldos sirven para mantener queridas y engrosar sus deudas en el bar. Y qué decir de esos hombrecillos, también progresistas, que se congregan en un ambiente lascivo para hablar de mujeres de las que han abusado. Creen que así se miden con sus semejantes o que les humillan cuando andan detrás de las mujeres casadas.

En realidad solo son unos jovenzuelos lamentables de los que no valdría la pena hablar si no fuera porque su comportamiento delincuente pone en cuestión la virtud y la moral de mujeres de gran valor que habrían sido sumamente útiles a nuestra revolución.

Luego están todos esos militantes más o menos revolucionarios, mucho menos revolucionarios que más, que no permiten que sus mujeres militen o sólo se lo permiten de día, pero golpean a sus mujeres porque han salido a reuniones o manifestaciones nocturnas. ¡Ay de los desconfiados y celosos! ¡Qué pobreza de espíritu, qué compromiso tan limitado, tan condicionado! Porque vamos a ver: ¿una mujer despechada y decidida sólo puede engañar a su marido por la noche? ¿Y qué clase de compromiso es ese, que pretende que la militancia se suspenda al caer la noche y no recupere su valor y sus exigencias hasta que no sale el sol?

¿Y qué pensar, por último, de esas palabras sobre las mujeres oídas de labios de los militantes más revolucionarios? Palabras como «materialistas, aprovechadas, teatreras, mentirosas, chismosas, intrigantes, celosas, etc., etc…». Cosas que pueden ser verdad, ¡pero aplicadas a las mujeres y también a los hombres! ¿Qué puede esperarse de nuestra sociedad, si agobia metódicamente a las mujeres, las aparta de todo lo que se considera serio, determinante, de todo lo que esté por encima de las relaciones subalternas y mezquinas?

Cuando alguien está condenado, como las mujeres, a esperar a su amo y marido para darle de comer, y recibir de él autorización para hablar y vivir, sólo le quedan, para entretenerse y crearse una ilusión de utilidad o importancia, los chismes, el cotilleo, las discusiones, las trifulcas, las miradas de soslayo y envidiosas seguidas de maledicencias sobre la coquetería de las otras y su vida privada. Los varones que están en las mismas condiciones adoptan las mismas actitudes.

También decimos que las mujeres, ay, son negligentes. Por no decir cabezas de chorlito. Pero tengamos en cuenta que la mujer, agobiada o incluso atormentada por un esposo ligero, un marido infiel e irresponsable, un niño y sus problemas, abrumada por la administración de toda la familia, en estas condiciones tendrá una mirada extraviada, reflejo de la ausencia y la distracción de la mente. Para ella el olvido es un antídoto de la fatiga, una atenuación de los rigores de la existencia, una protección vital.

Pero también hay hombres negligentes, y mucho; unos por el alcohol y los estupefacientes, otros por varias formas de perversidad a las que se entregan a lo largo de su vida. Pero nadie dice que estos hombres sean negligentes. ¡Cuánta vanidad, cuántas vulgaridades!

Vulgaridades con que se complacen para justificar las imperfecciones del mundo masculino. Porque el mundo masculino, en una sociedad de explotación, necesita mujeres prostitutas. Estas mujeres, a las que se deshonra y sacrifica después de usarlas en el altar de la prosperidad de un sistema de mentiras y robos, son chivos expiatorios.

La prostitución es la quintaesencia de una sociedad donde la explotación es la norma. Simboliza el desprecio del hombre hacia la mujer. Hacia una mujer que no es otra que la figura dolorosa de la madre, la hermana o la esposa de otros hombres, y por tanto de cada uno de nosotros. Es, en definitiva, el desprecio inconsciente hacia nosotros mismos. Sólo hay prostitutas donde hay «prostituyentes» y proxenetas.

¿Quiénes van con las prostitutas?

Ante todo, los maridos que obligan a su mujer a ser casta y descargan en la prostituta su lascivia y sus instintos de violación. Así pueden tratar con respeto aparente a sus esposas y dar rienda suelta a su verdadera naturaleza cuando están con la chica llamada de vida alegre. Así, en el plano moral, la prostitución es simétrica del matrimonio. Los ritos, las costumbres, las religiones y las morales se adaptan a ella. Ya lo decían los padres de la Iglesia: «Para mantener la salubridad de los palacios hacen falta cloacas».

Luego están los clientes impenitentes e intemperantes que tienen miedo de asumir la responsabilidad de un hogar con todos sus problemas y huyen de las cargas morales y materiales de la paternidad. Entonces explotan la dirección discreta de una casa de tolerancia como el precioso filón de una relación sin consecuencias.

También está la cohorte de quienes censuran a las mujeres, al menos públicamente y en los lugares decentes. Ya sea por un despecho que no tienen el valor de confesar y les ha hecho perder la confianza en todas las mujeres y considerarlas un instrumentum diabolicum, ya sea por hipocresía, por haber proclamado de forma repetida y tajante un desprecio por el sexo femenino que procuran asumir ante una sociedad de la que han adoptado el respeto a la falsa virtud. Todos ellos frecuentan a escondidas los lupanares hasta que, a veces, se descubre su doblez.

Luego está esa debilidad del hombre que consiste en la búsqueda de situaciones poliándricas. Lejos de nosotros hacer juicios de valor sobre la poliandria, una forma de relación entre el hombre y la mujer que han preferido algunas civilizaciones. Pero en los casos que denunciamos, estamos pensando en los gigolós codiciosos y holgazanes mantenidos generosamente por señoras ricas.

En este mismo sistema, la prostitución, en el aspecto económico, puede igualar a la prostituta con la mujer casada «materialista». Entre la que vende su cuerpo prostituyéndolo y la que se vende en el matrimonio, la única diferencia consiste en el precio y la duración del contrato.

Al tolerar la existencia de la prostitución, rebajamos a todas nuestras mujeres al mismo rango: prostitutas o casadas. La única diferencia es que la mujer legítima, aunque está oprimida, disfruta como esposa de la honorabilidad que confiere el matrimonio. En cuanto a la prostituta, sólo le queda la valoración monetaria de su cuerpo, una valoración que fluctúa con los valores de las bolsas falocráticas.

¿Acaso no es un artículo que se valoriza o desvaloriza según el grado de marchitamiento de sus encantos? ¿No se rige por la ley de la oferta y la demanda? La prostitución es un compendio trágico y doloroso de todas las formas de esclavitud femenina. Por lo tanto, en cada prostituta debemos ver una mirada acusadora dirigida a toda la sociedad. Cada proxeneta, cada cliente de prostituta escarba en la herida purulenta y abierta que afea el mundo de los hombres y lo lleva a la perdición. Si combatimos la prostitución, si tendemos una mano amiga a la prostituta, salvamos a nuestras madres, hermanas y mujeres de esta lepra social. Nos salvamos a nosotros mismos. Salvamos al mundo.

La condición de la mujer en Burkina

Si a juicio de la sociedad un niño que nace es un «don de Dios», el nacimiento de una niña se recibe, si no como una fatalidad, en el mejor de los casos como un regalo que servirá para producir alimentos y reproducir el género humano.

Al hombrecito se le enseña a querer y conseguir, a decir y ser servido, a desear y tomar, a decidir y mandar. A la futura mujer, la sociedad, como un solo hombre y nunca mejor dicho, le impone, le inculca unas normas inapelables. Unos corsés psíquicos llamados virtudes crean en ella un espíritu de enajenación personal, desarrollan en esa niña el afán de protección y la predisposición a las alianzas tutelares y a los tratos matrimoniales. ¡Qué fraude mental tan monstruoso!

Así, niña sin infancia, desde los tres años de edad tendrá que responder a su razón de ser: servir, ser útil. Mientras su hermano de cuatro, cinco o seis años juega hasta el cansancio o el aburrimiento, ella se incorpora, sin contemplaciones, al proceso de producción. Ya tiene un oficio: ayudante doméstica. Una ocupación, por supuesto, sin remuneración, pues ¿acaso no se dice que la mujer, en su casa, «no hace nada»? ¿No se escribe «labores domésticas» en sus documentos de identidad para indicar que no tienen empleo? ¿Que «no trabajan»?

Con la ayuda de los ritos y las obligaciones de sumisión, nuestras hermanas van creciendo, cada vez más dependientes, cada vez más dominadas, cada vez más explotadas y con menos tiempo libre.

Mientras que el hombre joven encuentra en su camino las ocasiones para desarrollarse y forjar su personalidad, la camisa de fuerza social aprieta aún más a la muchacha en cada etapa de su vida. Por haber nacido niña pagará un fuerte tributo durante toda su vida, hasta que el peso del trabajo y los efectos del abandono físico y mental la lleven al día del Gran Descanso. Factor de producción al lado de su madre, más patrona que mamá, nunca la veremos sentada sin hacer nada, nunca libre, olvidada con sus juguetes, como él, su hermano.

Adondequiera que miremos, de la Meseta Central al Nordeste, donde predominan las sociedades con un poder muy centralizado, al Oeste, donde viven las comunidades aldeanas con un poder sin centralizar, o al Suroeste, territorio de las colectividades llamadas segmentarias, la organización social tradicional tiene al menos una cosa en común: la subordinación de las mujeres. En este ámbito nuestros 8.000 pueblos, nuestras 600.000 concesiones y nuestro millón y pico de hogares tienen comportamientos idénticos o parecidos. En todas partes la condición de la cohesión social definida por los hombres es la sumisión de las mujeres y la subordinación de los segundones.

Nuestra sociedad, todavía demasiado primitivamente agraria, patriarcal y polígama, explota a la mujer por su fuerza de trabajo y de consumo, y por su función de reproducción biológica.

¿Cómo experimenta la mujer esta curiosa identidad doble: la de ser el nudo vital que ata a todos los miembros de la familia, que garantiza con su presencia y sus desvelos la unidad fundamental, y la de estar marginada, relegada? Es una condición híbrida donde las haya, en la que el ostracismo impuesto sólo tiene parangón con el estoicismo de la mujer. Para vivir en armonía con la sociedad de los hombres, para someterse a la imposición de los hombres, la mujer encierra en una ataraxia degradante, negativa, entregándose por completo.

Mujer fuente de vida, pero también mujer objeto. Madre pero criada servil. Mujer nodriza pero mujer excusa. Trabajadora en el campo y en casa, pero figura sin rostro y sin voz. Mujer bisagra, mujer confluencia, pero mujer encadenada, mujer sombra a la sombra del hombre.

Pilar del bienestar familiar, es partera, lavandera, barrendera, cocinera, recadera, matrona, cultivadora, curandera, hortelana, molendera, vendedora, obrera. Es una fuerza de trabajo con herramienta en desuso, que acumula cientos de miles de horas con rendimientos desesperantes.

En los cuatro frentes de combate contra la enfermedad, el hambre, la indigencia y la degeneración, nuestras hermanas soportan cada día la presión de unos cambios en los que no pueden influir. Cuando cada uno de nuestros 800.000 emigrantes varones se va, una mujer se carga con más trabajo. Los dos millones de burkinabès que viven fuera del territorio nacional han contribuido así a agravar el desequilibrio de la proporción de sexos, de modo que hoy en día las mujeres constituyen el 51,7% de la población total. De la población residente potencialmente activa, son el 52,1%.

La mujer, demasiado ocupada para atender como es debido a sus hijos, demasiado agotada para pensar por sí misma, sigue trajinando: rueda de fortuna, rueda de fricción, rueda motriz, rueda de repuesto, noria.

Las mujeres, nuestras mujeres y esposas, apaleadas y vejadas, pagan por haber dado la vida. Relegadas socialmente al tercer rango, después del hombre y el niño, pagan por mantener la vida. Aquí también se ha creado arbitrariamente un Tercer Mundo para dominar, para explotar.

Dominada y transferida de una tutela protectora explotadora a una tutela dominadora y más explotadora aún, primera en la tarea y última en el descanso, al lado de la lumbre pero última en apagar su sed, autorizada a comer sólo cuando queda algo; y, detrás del hombre, sostén de la familia que carga sobre sus hombros, en sus manos y con su vientre a esta familia y a la sociedad, la mujer recibe en pago una ideología natalista opresiva, tabúes y prohibiciones alimentarias, más trabajo, malnutrición, embarazos peligrosos, despersonalización y muchos otros males, por lo que la mortalidad maternal es una de las taras más intolerables, más inconfesables, más vergonzosas de nuestra sociedad.

Sobre este substrato alienante, la irrupción de unos seres rapaces llegados de lejos agrió aún más la soledad de las mujeres e hizo aún más precaria su condición.

La euforia de la independencia olvidó a las mujeres en el lecho de las esperanzas rotas. Segregada en las deliberaciones, ausente de las decisiones, vulnerable y por tanto víctima previsible, siguió soportando a la familia y la sociedad. El capital y la burocracia se pusieron de acuerdo para mantener a la mujer sometida. El imperialismo hizo lo demás.

Las mujeres, escolarizadas dos veces menos que los hombres, analfabetas en un 99%, con escasa formación profesional, discriminadas en el empleo, relegadas a funciones subalternas, las primeras en ser acosadas y despedidas, abrumadas por el peso de cien tradiciones y mil excusas, siguieron haciendo frente a los desafíos que se presentaban. Tenían que permanecer activas, a cualquier precio, por los hijos, por la familia y por la sociedad. A través de mil noches sin auroras.

El capitalismo necesitaba algodón, karité y ajonjolí para sus industrias, y fue la mujer, fueron nuestras madres quienes, además de lo que ya estaban haciendo, tuvieron que hacerse cargo de la recolección. En las ciudades, donde se suponía que estaba la civilización emancipadora de la mujer, ella se vio obligada a decorar los salones de los burgueses, a vender su cuerpo para vivir o a servir de señuelo comercial en las producciones publicitarias.

Sin duda las mujeres de la pequeña burguesía de las ciudades viven mejor que las mujeres de nuestros campos en el orden material. Pero ¿son más libres, más respetadas, están más emancipadas, tienen más responsabilidades? Más que una pregunta, se impone una afirmación. Sigue habiendo muchos problemas, ya sea en el empleo o en el acceso a la educación, en la consideración de la mujer en los textos legislativos o en la vida diaria. La mujer burkinabè sigue siendo la que llega detrás del hombre, y no a la vez que él.

Los regímenes políticos neocoloniales que se han sucedido en Burkina Faso han abordado el asunto de la emancipación de la mujer con el planteamiento burgués, que no es más que ilusión de libertad y dignidad. La política de moda sobre la «condición femenina», o más bien el feminismo primario que reclama para la mujer el derecho a ser masculina, sólo tuvo repercusión en las escasas mujeres de la pequeña burguesía urbana. La creación del ministerio de la Condición Femenina, dirigido por una mujer, se proclamó como una victoria.

Pero ¿existía una conciencia real de esa condición femenina? ¿Se tenía conciencia de que la condición femenina es la condición del 52% de la población burkinabè? ¿Se sabía que esta condición estaba determinada por estructuras sociales, políticas y económicas, y por las ideas retrógradas dominantes, y que por consiguiente la transformación de esta condición no era labor de un solo ministerio, aunque tuviera a una mujer al frente?

Tan es así que las mujeres de Burkina, después de varios años de existencia de este ministerio, comprobaron que su condición no había cambiado en absoluto. Y no podía ser de otro modo, porque el planteamiento de la emancipación de las mujeres que había desembocado en la creación de ese ministerio-coartada no quería ver ni poner en evidencia las verdaderas causas de la dominación y la explotación de la mujer. No es de extrañar, entonces, que pese a la existencia de ese ministerio, la prostitución aumentara, el acceso de las mujeres a la educación y el empleo no mejorara, los derechos civiles y políticos de las mujeres siguieran en el limbo y las condiciones de vida de las mujeres, tanto en la ciudad como en el campo, no hubieran mejorado.

¡Mujer florero, mujer coartada política en el gobierno, mujer sirena clientelista en las elecciones, mujer robot en la cocina, mujer frustrada por la resignación y las inhibiciones impuestas a pesar de su apertura mental! Sea cual sea su sitio en el espectro del dolor, sea cual sea su forma urbana o rural de sufrir, ella sigue sufriendo.

Pero bastó una noche para situar a la mujer en el centro del progreso familiar y de la solidaridad nacional.

La aurora siguiente del 4 de agosto de 1983, portadora de libertad, alumbró el camino para que todos juntos, iguales, solidarios y complementarios, marcháramos codo con codo, en un solo pueblo.

La revolución de agosto encontró a la mujer burkinabè en una situación de sumisión y explotación por una sociedad neocolonial muy influida por la ideología de las fuerzas retrógradas. Tenía que romper con la política reaccionaria, preconizada y aplicada hasta entonces también en el ámbito de la emancipación de la mujer, y definir claramente una política nueva, justa y revolucionaria.

Nuestra revolución y la emancipación de la mujer

El 2 de octubre de 1983 el Consejo Nacional de la Revolución expuso claramente en el Discurso de Orientación Política cuál era el eje principal del combate por la liberación de la mujer. Se comprometió a trabajar por la movilización, la organización y la unión de todas las fuerzas vivas de la nación y de la mujer en particular. El Discurso de Orientación Política precisaba, acerca de la mujer: «Se incorporará a todos los combates que entablemos contra los obstáculos de la sociedad neocolonial y por la construcción de una sociedad nueva. Se incorporará en todos los noveles de planificación, decisión y ejecución para la organización de la vida de toda la nación».

Esta empresa grandiosa se propone construir una sociedad libre y próspera donde la mujer sea igual al hombre en todos los ámbitos. No puede haber una forma más clara de concebir y enunciar la cuestión de la mujer y la lucha emancipadora que nos espera.

«La verdadera emancipación de la mujer es la que responsabiliza a la mujer, la incorpora a las actividades productivas, a las luchas del pueblo. La verdadera emancipación de la mujer es la que propicia la consideración y el respeto del hombre.»

Esto indica claramente, compañeras militantes, que la lucha por la liberación de la mujer es ante todo vuestra lucha por el fortalecimiento de la revolución democrática y popular. Una revolución que os da la palabra y el poder de decir y obrar para la edificación de una sociedad de justicia e igualdad, donde la mujer y el hombre tengan los mismos derechos y deberes. La revolución democrática y popular ha creado las condiciones para este combate libertador. Os corresponde a vosotras obrar con responsabilidad para, por un lado, romper las cadenas y trabas que esclavizan a la mujer en sociedades atrasadas como la nuestra, y por otro, asumir la parte de responsabilidad que os corresponde en la política de edificación de la sociedad nueva, en beneficio de África y de toda la humanidad.

En las primeras horas de la revolución democrática y popular ya lo decíamos: «la emancipación, como la libertad, no se concede, se conquista. Corresponde a las propias mujeres plantear sus demandas y movilizarse para hacerlas realidad». Nuestra revolución no sólo ha marcado una meta en la lucha por la emancipación de la mujer, sino que ha señalado el camino a seguir, los medios necesarios y los principales actores de este combate. Pronto hará cuatro años que trabajamos juntos, hombres y mujeres, para cosechar victorias y avanzar hacia el objetivo final.

Debemos ser conscientes de las batallas reñidas, los éxitos alcanzados, los fracasos sufridos y las dificultades encontradas para preparar y dirigir los combates futuros. ¿Qué es lo que ha hecho la revolución democrática y popular por la emancipación de la mujer?

¿Cuáles son los logros y los obstáculos?

Uno de los mayores aciertos de nuestra revolución en la lucha por la emancipación de la mujer ha sido, sin duda, la creación de la Unión de las Mujeres de Burkina (UFB por sus siglas en francés). La creación de esta organización es un gran acierto porque ha dado a las mujeres de nuestro país un marco y unos medios seguros para entablar el combate victoriosamente. La creación de la UFB es uan gran victoria, porque une a todas las mujeres militantes con objetivos concretos, justos, para el combate libertador dirigido por el Consejo Nacional de la Revolución. La UFB es la organización de las mujeres militantes y responsables, dispuestas a trabajar para transformar la realidad, a luchar para vencer, a caer y volver a levantarse cada vez para avanzar sin retroceder.

Ha surgido una conciencia nueva entre las mujeres de Borkina, y todos debemos estar orgullosos de ello. Compañeras militantes, la Unión de las Mujeres de Burkina es vuestra organización de combate. Tendréis que afilarla bien para que sus tajos sean más cortantes y os deparen cada vez más victorias. Las iniciativas que el gobierno ha tenido desde hace algo más de tres años para lograr la emancipación de la mujer son sin duda insuficientes, pero han permitido cubrir una etapa del camino, y nuestro país puede presentarse hoy en la vanguardia del combate libertador de la mujer. Nuestras mujeres participan cada vez más en las tomas de decisión, en el ejercicio efectivo del poder popular.

Las mujeres de Burkina están allí donde se construye el país, están en las obras: el Sourou (valle irrigado), la reforestación, la vacunación, las operaciones «Ciudades limpias», la batalla del tren, etc. Poco a poco, las mujeres de Burkina ocupan espacios y se imponen, haciendo retroceder las ideas falocráticas y retrógradas de los hombres. Y seguirán así hasta que la mujer de Burkina esté presente en todo el tejido social y profesional. Nuestra revolución, durante estos tres años y medio, ha trabajado por la eliminación progresiva de las prácticas que desvalorizan a la mujer, como la prostitución y otras lacras, como el vagabundeo y la delincuencia de las jóvenes, el matrimonio forzoso, la ablación y las condiciones de vida especialmente difíciles de la mujer.

La revolución procura resolver en todas partes el problema del agua, instala molinos en los pueblos, mejora las viviendas, crea guarderías populares, vacuna a diario, promueve una alimentación sana, abundante y variada, y con ello contribuye a mejorar las condiciones de vida de la mujer burkinabè.

Esta debe comprometerse más a aplicar las consignas antiimperialistas, a producir y consumir burkinabè, imponiéndose como un agente económico de primer orden, tanto productor como consumidor de productos locales.

La revolución de agosto, sin duda, ha avanzado mucho por la senda de la emancipación de la mujer, pero lo hecho hasta ahora es insuficiente. Nos queda mucho por hacer.

Para llevarlo a cabo debemos ser conscientes de las dificultades con que tropezamos. Los obstáculos y las dificultades son muchos. Ante todo el analfabetismo y el bajo nivel de conciencia política, agravados por la poderosa influencia de las fuerzas retrógradas en nuestras sociedades atrasadas.

Debemos trabajar con perseverancia para superar estos dos obstáculos principales. Porque mientras las mujeres no tengan conciencia clara de la justeza de nuestra lucha política y de los medios necesarios, corremos el riesgo de tropezar e incluso de retroceder.

Por eso la Unión de las Mujeres de Burkina tiene que cumplir plenamente su función. Las mujeres de la UFB tienen que trabajar para superar sus insuficiencias, para romper con las prácticas y el comportamiento que siempre se han considerado propios de mujeres y lamentablemente se sigue dando a diario en los comportamientos y los razonamientos de muchas mujeres. Son todas esas mezquindades como la envidia, el exhibicionismo, las críticas incesantes y gratuitas, negativas y sin fundamento, la difamación mutua, el subjetivismo a flor de piel, las rivalidades, etc. Una mujer revolucionaria debe vencer estos comportamientos, especialmente acentuados en la pequeña burguesía. Porque son perjudiciales para el trabajo en grupo, dado que el combate por la liberación de la mujer es un trabajo organizado que necesita la contribución del conjunto de las mujeres.

Juntos debemos trabajar por incorporar a la mujer al trabajo. A un trabajo emancipador y liberador que garantice a la mujer su independencia económica, un peso social mayor y un conocimiento más justo y completo del mundo.

Nuestra noción del poder económico de la mujer debe apartarse de la codicia vulgar y de la avidez materialista que convierten a algunas mujeres en bolsas de valores especuladoras, en cajas fuertes ambulantes. Son mujeres que pierden la dignidad, el control y los principios en cuanto oyen el tintineo de las joyas o el crujido de los billetes. Algunas de estas mujeres, lamentablemente, hacen que los hombres caigan en los excesos del endeudamiento o incluso de la corrupción. Estas mujeres son peligrosas arenas movedizas, fétidas, que apagan la llama revolucionaria de sus esposos o compañeros militantes. Se han dado tristes casos de ardores revolucionarios que se han apagado y el compromiso del marido se ha apartado de la causa del pueblo por tener una mujer egoísta y arisca, celosa y envidiosa.

La educación y la emancipación económica mal entendidas y enfocadas pueden ser motivo de desdicha para las mujeres y por tanto para la sociedad. Solicitadas como amantes, son abandonadas cuando llegan las dificultades. La opinión común sobre ellas es implacable: la intelectual está «fuera de lugar», y la que es muy rica resulta sospechosa. Todas están condenadas a un celibato que no sería grave si no fuera la expresión misma de un ostracismo generalizado de toda una sociedad contra unas personas, víctimas inocentes porque desconocen por completo cuál es su delito y su defecto, frustradas porque día a día su afectividad se transforma en hipocondría. A muchas mujeres el saber sólo les ha dado desengaños, y la fortuna ha producido muchos infortunios.

La solución de estas paradojas aparentes consiste en que las desdichadas cultas o ricas pongan al servicio de su pueblo su gran instrucción, sus grandes riquezas. Así se granjearán el aprecio y hasta la adulación de todas las personas a las que darán un poco de alegría. En estas condiciones ya no podrán sentirse solas. La plenitud sentimental se alcanza cuando se consigue que el amor a uno mismo y de uno mismo se convierta en el amor al otro y el amor de los otros.

Nuestras mujeres no deben retroceder ante las luchas multiformes que les permitirán asumirse plenamente, con valentía, y experimentar así la felicidad de ser ellas mismas, y no la domesticación de ellas por ellos.

Todavía hoy, para muchas de nuestras mujeres, la protección de un hombre es la mejor garantía contra el qué dirán opresor. Se casan sin amor y sin alegría de vivir con un patán, un insulso alejado de la vida y las luchas del pueblo. Es frecuente que las mujeres exijan una gran independencia y reclamen al mismo tiempo la protección, peor aún, estar bajo el protectorado colonial de un varón. Creen que no pueden vivir de otro modo.

¡No! Tenemos que decirles a nuestras hermanas que el matrimonio, si no aporta nada a la sociedad y no las hace felices, no es indispensable, e incluso se debe evitar. Al contrario, mostrémosles cada día el ejemplo de unas pioneras osadas e intrépidas que en su celibato, con o sin hijos, están de un humor excelente y prodigan riquezas y disponibilidad a los demás. Incluso despiertan la envidia de las casadas desdichadas, por las simpatías que se granjean, la felicidad que les depara su libertad, su dignidad y su disponibilidad.

Las mujeres han dado sobradas muestras de capacidad para mantener s su familia, criar a los niños, en una palabra, ser responsables sin necesidad de estar sometidas a la tutela de un hombre. La sociedad ha evolucionado lo suficiente para que se acabe la marginación injusta de la mujer sin marido. Revolucionarios, debemos lograr que el matrimonio sea una opción enriquecedora, y no esa lotería de la que se sabe lo que se gasta al principio, pero no lo que se va a ganar. Los sentimientos son demasiado nobles para jugar con ellos.

Otra dificultad, sin duda, es la actitud feudal, reaccionaria y pasiva de muchos hombres, que tienen un comportamiento retrógrado. No quieren que se cuestione el dominio absoluto sobre la mujer en el hogar o en la sociedad en general. En el combate por la edificación de la sociedad nueva, que es un combate revolucionario, estos hombres, con sus prácticas, se sitúan en el lado de la reacción y la contrarrevolución. Porque la revolución no puede tener éxito sin la emancipación verdadera de las mujeres.

Por eso, compañeras militantes, tenemos que ser muy conscientes de todas estas dificultades para afrontar los combates futuros.

La mujer, lo mismo que el hombre, tiene cualidades pero también defectos, lo que demuestra que la mujer es igual al hombre. Si destacamos deliberadamente las cualidades de la mujer, no es porque tengamos de ella una visión idealizada. Simplemente queremos poner de relieve sus cualidades y habilidades, que el hombre y la sociedad siempre han ocultado para justificar la explotación y el sometimiento de la mujer.

¿Cómo podemos organizarnos para acelerar la marcha hacia la emancipación?

Nuestros medios son irrisorios, pero nuestra ambición es grande. Nuestra voluntad y nuestra firme convicción de avanzar no bastan para alcanzar la meta. Debemos sumar fuerzas, todas nuestras fuerzas, coordinarlas para que la lucha tenga éxito. Desde hace más de dos décadas se habla mucho de emancipación en nuestro país, hay mucho debate al respecto. Hoy se trata de abordar el asunto de la emancipación de forma global, evitando las irresponsabilidades que impidieron reunir todas las fuerzas en la lucha y quitaron importancia a esta cuestión crucial, y evitando también las huidas hacia delante que dejarían atrás a aquellos y sobre todo aquellas que deben estar en primera línea.

Por eso, compañeras, os necesitamos para una verdadera liberación de todos nosotros. Sé que siempre hallaréis la fuerza y el tiempo necesarios para ayudarnos a salvar nuestra sociedad.

Compañeras, no habrá revolución social verdadera hasta que la mujer se libere. Que mis ojos no tengan que ver nunca una sociedad donde se mantiene en silencio a la mitad del pueblo. Oigo el estruendo de este silencio de las mujeres, presiento el fragor de su borrasca, siento la furia de su rebelión. Tengo esperanza en la irrupción fecunda de la revolución, a la que ellas aportarán la fuerza y la rigurosa justicia salidas de sus entrañas de oprimidas.

Compañeras, adelante por la conquista del futuro. El futuro es revolucionario. El futuro pertenece a los que luchan.

¡Patria o muerte, venceremos!

Un frente unido contra la deuda

—Discurso pronunciado el 29 de julio de 1987 por Thomas Sankara en Adís-Abeba durante la vigésimo quinta Conferencia en la Cumbre de los países miembros de la Organización para la Unidad Africana—

Señor presidente, Señores jefes de las delegaciones:

Querría que en este momento pudiésemos hablar de esta otra cuestión que nos inquieta: la cuestión de la deuda, la cuestión de la situación económica de África. Tanto como la paz, es una condición importante de nuestra supervivencia. Y por eso he creído deber imponeros unos minutos suplementarios para que hablemos de ello.

Burkina Faso querría expresar de entrada su preocupación. La preocupación de ver que las reuniones de la OUA se suceden, se asemejan, pero hay cada vez menos interés en lo que hacemos.

Señor presidente: ¿Cuántos son los jefes de Estado aquí presentes, cuando todos han sido debidamente convocados para venir a hablar de África en África?

Señor presidente: ¿Cuántos jefes de Estado están prestos a saltar a París, a Londres, a Washington cuando desde allí son convocados a una reunión, pero no pueden venir a una reunión aquí, a Addis Abeba en África? Esto es muy importante. [Aplausos] Sé que algunos tienen razones válidas para no venir. Es por ello, señor presidente, por lo que querría proponer que establezcamos un baremo de sanciones para los jefes de Estado que no responden ¡presente! a la convocatoria. Hagamos de manera que por una suma de puntos de buena conducta, los que asisten regularmente, como nosotros, por ejemplo, [Risas] puedan ser apoyados en algunos de sus esfuerzos. Ejemplos: los proyectos que sometemos al Banco Africano de Desarrollo (BAfD) deben ser afectados de un coeficiente de africanidad. [Aplausos] Los menos africanos serían penalizados. Así todo el mundo vendría a las reuniones.

Quisiera decir, señor presidente, que la cuestión de la deuda es una cuestión que no sabríamos ocultar. Usted mismo sabe algo de esto en su país, donde habéis tenido que tomar decisiones valientes, temerarias incluso. Decisiones que no parecen en absoluto estar en relación con su edad y sus cabellos blancos. [Risas] Su excelencia, el presidente Habib Bourguiba, que no ha podido venir, pero que nos ha hecho llegar un importante mensaje, ha dado otro ejemplo a África, cuando en Túnez, por razones económicas, sociales y políticas tuvo que tomar decisiones valientes.

Pero, señor presidente, ¿vamos a dejar que los jefes de Estado busquen individualmente soluciones al problema de la deuda con el riesgo de crear en su país conflictos sociales que podrían poner en peligro su estabilidad, y hasta la construcción de la unidad africana? Estos ejemplos que he citado —hay muchos más— merecen que las cumbres de la OUA aporten una respuesta tranquilizadora a cada uno de nosotros en cuanto a la cuestión de la deuda.

Consideramos que la deuda se ha de analizar empezando por su origen. Los orígenes de la deuda se remontan a los orígenes del colonialismo. Quienes nos han prestado dinero son los mismos que nos colonizaron. Son los mismos que gestionaban nuestros Estados y nuestras economías. Son los colonizadores los que endeudaron a África con los prestamistas, sus hermanos y primos. Nosotros somos ajenos a esta deuda. Por lo tanto no podemos pagarla.

La deuda es el neocolonialismo o los colonialistas transformados en «asistentes técnicos». En realidad, deberíamos decir asesinos técnicos. Y son ellos los que nos propusieron las fuentes de financiación, los prestamistas o «proveedores de fondos». Una expresión que se emplea cada día como si hubiera hombres cuya «provisión» fuera suficiente para crear el desarrollo en otros países. Estos prestamistas nos fueron aconsejados, recomendados. Nos presentaron dossiers y montajes financieros fantásticos. Nos endeudamos por cincuenta años, sesenta años, y más aún. Es decir, nos han llevado a comprometer a nuestros pueblos durante cincuenta años o más.

La deuda en su forma actual es una reconquista de África sabiamente organizada, para que su crecimiento y su desarrollo respondan a unos niveles, a unas normas que nos son totalmente extrañas. De manera que cada uno de nosotros se convierta en un esclavo financiero, es decir, simplemente un esclavo de quienes han tenido la oportunidad, la astucia, la trapacería de invertir sus fondos en nuestros países con la obligación de que los reembolsemos. Nos dicen que honoremos la deuda. No se trata de una cuestión moral. No es una cuestión de ese pretendido honor de reembolsar o no reembolsar.

Señor presidente:

Hemos escuchado y aplaudido a la primera ministra de Noruega cuando intervino aquí mismo. Dijo, ella que es europea, que toda la deuda no puede ser reembolsada. Yo quisiera simplemente completar y decir que la deuda no puede ser reembolsada. La deuda no puede ser reembolsada porque, en primer lugar, si no pagamos, los prestamistas no se van a morir. Estemos seguros de esto. En cambio, si pagamos, somos nosotros los que vamos a morir. Estemos seguros igualmente de ello. Los que nos han conducido al endeudamiento han jugado como en un casino. Mientras ellos ganaban no había debate. Ahora que pierden en el juego, nos exigen el reembolso. Y se habla de crisis. No, señor presidente, ellos jugaron, ellos perdieron, es la regla del juego. Y la vida continúa. [Aplausos]

Nosotros no podemos reembolsar la deuda porque no tenemos nada que pagar. No podemos reembolsar la deuda porque no somos responsables de ella. No podemos pagar la deuda porque, al contrario, nos deben lo que las mayores riquezas nunca podrán pagar, esto es, la deuda de sangre. Es nuestra la sangre que ha sido derramada.

Se habla del Plan Marshall, que rehizo la Europa económica. Pero no se habla del Plan Africano que ha permitido a Europa hacer frente a las hordas hitlerianas cuando sus economías estaban amenazadas, su estabilidad estaba amenazada. ¿Quién ha salvado a Europa? Fue África. Se habla poco de esto. Se habla tan poco que no podemos, nosotros, ser cómplices de ese silencio ingrato. Si los otros no pueden cantar nuestros elogios, nosotros tenemos al menos el deber de decir que nuestros padres fueron valientes y que nuestros ex combatientes salvaron Europa y finalmente permitieron al mundo desembarazarse del nazismo.

La deuda es también la consecuencia de los enfrentamientos. Cuando hoy nos hablan de crisis económica, se olvidan de decirnos que la crisis no llegó de forma súbita. La crisis existe de siempre y se irá agravando cada vez que las masas populares sean más conscientes de sus derechos frente a sus explotadores.

Actualmente hay crisis porque las masas rechazan que las riquezas se concentren en las manos de unos pocos. Hay crisis porque unos pocos depositan en los bancos en el exterior, unas sumas colosales que serían suficientes para desarrollar África. Hay crisis porque frente a estas riquezas individuales que se pueden nombrar, las masas populares se niegan a vivir en los ghetos y los barrios bajos. Hay crisis porque por doquier los pueblos se niegan a ser Soweto frente a Johannesburgo. Hay lucha y la exacerbación de esta lucha produce inquietud a los que retienen el poder financiero.

Nos piden ahora que seamos cómplices de la búsqueda de un equilibrio. Equilibrio a favor de los que tienen el poder financiero. Equilibrio en detrimento de nuestras masas populares. ¡No! Nosotros no podemos ser cómplices. ¡No! Nosotros no podemos acompañar a los que chupan la sangre de nuestros pueblos y viven del sudor de nuestros pueblos. Nosotros no podemos acompañarlos en sus maniobras asesinas.

Señor presidente:

Oímos que hablan de clubs —Club de Roma, Club de París, Club de cualquier lado—. Oímos que hablan del Grupo de los Cinco, de los Siete, del Grupo de los Diez, tal vez del Grupo de los Cien. ¿Qué más puedo decir? Es normal que nosotros tengamos también nuestro club y nuestro grupo. Hagamos que desde hoy Addis Abeba sea igualmente la sede, el centro de donde partirá el soplo nuevo del Club de Addis Abeba. Tenemos el deber de crear hoy el Frente Unido de Addis Abeba contra la deuda. Sólo de este modo podremos decir hoy que negándonos a pagar no venimos con intenciones belicosas sino, al contrario, en una actitud fraternal para decir lo que es.

Además, las masas populares de Europa no se oponen a las masas populares de África. Los que quieren explotar a África son los mismos que explotan a Europa. Tenemos un enemigo común. Por ello, nuestro Club de Addis Abeba tendrá que decir igualmente a unos y a otros que la deuda no se pagará. Cuando nosotros decimos que la deuda no se ha de pagar no significa que estamos contra la moral, la dignidad, el respeto a la palabra. Nosotros consideramos que no tenemos la misma moral que los otros. Entre el rico y el pobre no hay la misma moral. La Biblia, el Corán no pueden servir de la misma manera a quien explota al pueblo y al que es explotado. Tendrá que haber dos ediciones de la Biblia y dos ediciones del Corán. [Aplausos]

Nosotros no podemos aceptar su moral. No podemos aceptar que nos hablen de dignidad. No podemos aceptar que nos hablen del mérito de los que pagan y de la pérdida de confianza en los que no pagarán. Al contrario, nosotros debemos decir que hoy es normal que se prefiera reconocer que los ladrones más grandes son los más ricos. Un pobre, cuando roba no comete más que un hurto, apenas un pecadillo para sobrevivir y por necesidad. Los ricos, son ellos los que roban al fisco, a las aduanas. Son ellos los que explotan al pueblo.

Señor presidente:

Mi propuesta no tiende sólo a provocar o a hacer un espectáculo. Quiero decir lo que cada uno de nosotros piensa y desea. ¿Quién, aquí, no desea que la deuda sea simple y llanamente anulada? El que no lo desee puede retirarse, tomar su avión y dirigirse directamente al Banco Mundial a pagar. [Aplausos] No querría que se tomara la declaración de Burkina Faso como si proviniera de parte de jóvenes inmaduros, sin experiencia. Pero tampoco querría que se piense que sólo los revolucionarios pueden hablar de este modo. Querría que se admita que es simplemente objetividad y obligación.

Puedo citar los ejemplos de aquellos que han dicho que no se pague la deuda, tanto revolucionarios como no revolucionarios, tanto jóvenes como viejos. Citaré, por ejemplo a Fidel Castro. Ya dijo que no hay que pagar. Aunque no tiene mi edad, es un revolucionario. También François Mitterrand ha dicho que los países africanos no pueden pagar, que los países pobres no pueden pagar. Citaré a la primera ministra de Noruega. No sé su edad y no quisiera preguntársela. [Risas y aplausos] Así mismo querría citar al presidente Félix Houphouët-Boygny. No tiene mi edad. Sin embargo ha declarado oficial y públicamente que, al menos en lo que concierne a su país, no se podrá pagar la deuda. Y eso que Costa de Marfil esta clasificada como uno de los países más desahogados del África francófona. Por eso, por otra parte, es normal que pague aquí una contribución mayor. [Aplausos]

Señor presidente:

No se trata por lo tanto de una provocación. Yo querría que con sensatez nos propusieran soluciones. Querría que nuestra conferencia adoptara la necesidad de decir con claridad que no podemos pagar la deuda. No con un espíritu belicoso, belicista. Esto es para evitar que nos hagamos asesinar aisladamente. Si Burkina Faso, solo, se negara a pagar la deuda, ¡yo no estaré presente en la próxima conferencia! En cambio, con el apoyo de todos, que mucho necesito, [Aplausos] con el apoyo de todos podríamos evitar pagar. Y evitando el pago podríamos dedicar nuestros magros recursos a nuestro desarrollo.

Querría terminar diciendo que podemos tranquilizar a los países, a los que decimos que no vamos a pagar la deuda, advirtiéndoles que lo que ahorremos no se irá en gastos de prestigio. No queremos más de eso. Lo que se ahorre irá al desarrollo. En particular, evitaremos endeudarnos para armarnos, porque un país africano que compre armas no puede hacerlo más que contra otro país africano. ¿Qué país africano puede armarse para protegerse de la bomba nuclear? Ningún país es capaz de hacerlo. Desde los más equipados a los menos equipados. Cada vez que un país africano compra un arma, es contra un africano. No contra un europeo. No contra un país asiático. En consecuencia, en el impulso de la resolución sobre la cuestión de la deuda debemos también encontrar una solución al problema del armamento.

Yo soy militar y llevo un arma. Pero, señor presidente, querría que nos desarmemos. Porque yo llevo el único arma que poseo. Otros han ocultado las armas que tienen. [Risas y aplausos] Entonces, queridos hermanos, con el apoyo de todos, podremos hacer la paz entre nosotros.

Igualmente podremos utilizar las inmensas potencialidades de África para desarrollarla, porque nuestro suelo y nuestro subsuelo son ricos. Tenemos lo suficiente y tenemos un mercado inmenso, muy vasto, de norte a sur, de este a oeste. Tenemos la suficiente capacidad intelectual para crear o al menos tomar la ciencia y la tecnología allí donde podamos encontrarlas.

Señor presidente:

Actuemos de manera que pongamos a punto este Frente Unido de Addis Abeba contra la deuda. De manera que sea a partir de Addis Abeba que decidamos limitar la carrera armamentista entre países débiles y pobres. Los garrotes y los machetes que compramos son inútiles. Actuemos de modo que el mercado africano sea un mercado de los africanos. Producir en África, transformar en África y consumir en África. Produzcamos lo que necesitamos y consumamos lo que producimos en lugar de importarlo.

Burkina Faso vino a exponer aquí la cotonada, producida en Burkina Faso, tejida en Burkina Faso, cosida en Burkina Faso para vestir a los burkinabés. Mi delegación y yo mismo somos vestidos por nuestros tejedores, nuestros campesinos. No hay ni un solo hilo que provenga de Europa o de América. [Aplausos] No organizo un desfile de moda sino simplemente quiero decir que debemos aceptar vivir como africanos. Es la única manera de vivir libre y de vivir con dignidad.

Gracias, señor presidente.

¡Patria o muerte, venceremos! [Largos aplausos]

Homenaje al Che Guevara

Las ideas no se matan

—Pronunciado en Uagadugú el 8 de octubre de 1987, en la ceremonia recordando el 20 aniversario del asesinato del Che—

Esta mañana, de manera modesta, hemos venido a inaugurar esta exposición que intenta delinear la vida y la obra de Che. Al mismo tiempo queremos decir hoy al mundo entero que para nosotros Che Guevara no está muerto. Pues por todo el mundo existen centros donde hay hombres que luchan por más libertad, más dignidad, más justicia, más felicidad. Por todo el mundo, los hombres luchan contra la opresión, la dominación, contra el colonialismo, contra el neocolonialismo y el imperialismo, contra la explotación de clase.

Queridos amigos, unimos nuestras voces a las de todos los que en el mundo recuerdan que un día un hombre llamado Che Guevara … con toda la fe en su corazón, se alistó en la lucha junto a otros hombres y logró así crear esta chispa que tanto ha inquietado a las fuerzas de ocupación en el mundo. Sencillamente queremos decir que una época nueva ha sonado en Burkina Faso, que una realidad [nueva] está en marcha en nuestro país. Uno puede ver así el llamado de Che Guevara, el mismo que quería encender fuegos de lucha por todas partes del mundo.

Che fue segado con balas, balas imperialistas, bajo el cielo de

Bolivia. Y nosotros decimos que para nosotros Che Guevara no ha muerto.

Una de las bellas frases que evocan los revolucionarios, los grandes revolucionarios cubanos, es la que su amigo, su compañero de lucha, su camarada, su hermano, el propio Fidel Castro repitiera. Una frase que él captó un día de lucha de boca de un hombre de pueblo, un oficial de Batista, quien, a pesar de pertenecer a ese ejército reaccionario y represivo, supo hacer una alianza con las fuerzas que luchaban por la felicidad del pueblo cubano. Cuando los que habían intentado el asalto contra el cuartel Moneada acababan de fracasar, y debían padecer el suplicio por las armas del ejército de Batista —debían ser fusilados—, el oficial simplemente dijo: "No disparen, las ideas no se matan".

Es verdad, las ideas no se matan. Las ideas no mueren. Por eso Che Guevara —quien era una esencia de ideas revolucionarias y de entrega personal— no ha muerto porque hoy han venido ustedes aquí [de Cuba] y porque nosotros nos inspiramos en ustedes.

Che Guevara, argentino según su pasaporte, devino cubano por adopción por la sangre y el sudor que derramó por el pueblo cubano. Y, sobre todo, devino ciudadano del mundo libre: el mundo libre que juntos estamos en vías de construir. Por eso decimos que Che Guevara es también africano y burkinabe.

Che Guevara llamaba a su gorra "la boina". Por casi toda África hizo que se conocieran esa boina y esa estrella. De norte a sur, África recuerda a Che Guevara.

Una juventud intrépida —una juventud sedienta de dignidad, sedienta de valor, sedienta también de ideas y de esa vitalidad que Che simbolizaba en África— buscó al Che para beber de ese manantial, el manantial vivificante que representaba en el mundo ese capitán revolucionario. Y entre los pocos que tuvieron la oportunidad, que tuvieron el honor de estar cerca de Che, y que están todavía en vida, algunos están hoy aquí entre nosotros.

Che es burkinabe. Es burkinabe porque participa en nuestra lucha. Es burkinabe porque sus ideas nos inspiran y están inscritas en nuestro Discurso de Orientación Política. Es burkinabe porque su estrella está fija en nuestro emblema. Es burkinabe porque una parte de sus ideas vive en cada uno de nosotros en la lucha cotidiana que libramos.

Che es un hombre, pero un hombre que supo mostrarnos y educarnos en la idea de que podíamos atrevernos a tener confianza en nosotros mismos, confianza en nuestras capacidades. Che está entre nosotros.

Así que quisiera decir: ¿qué es el Che? Para nosotros Che es sobre todo convicción, convicción revolucionaria, la fe revolucionaria en lo que uno hace, la convicción de que la victoria es nuestra, de que la lucha es nuestro recurso.

Che es también humanismo. El humanismo: esa generosidad que se expresa, esa entrega que ha hecho de Che no solo un combatiente argentino, cubano, internacionalista, sino también un hombre, con todo el calor humano.

Che es también, y sobre todo, la exigencia. La exigencia de alguien que tuvo la suerte de nacer en una familia acomodada … pero que supo decir no a esas tentaciones, que supo darle la espalda a lo fácil y que, por el contrario, demostró ser un hombre que hacía causa común con el pueblo, un hombre que hacía causa común con la miseria de los demás. La exigencia de Che: he ahí algo que debe inspirarnos más que nada.

Porque son la convicción, el humanismo y la exigencia lo que hacen que sea Che. Y quienes saben juntar en ellos esas virtudes, quienes saben juntar en ellos esas cualidades, esa convicción, ese humanismo y esa exigencia, pueden decir que son como Che: hombres entre los hombres, pero sobre todo revolucionarios entre los revolucionarios.

Acabamos de ver esas fotografías que relatan lo mejor que pueden una parte de la vida de Che. A pesar de la fuerza de su expresión, esas imágenes quedan mudas ante la parte más determinante del hombre, la misma contra la que el imperialismo apuntaba. Las balas apuntaban mucho más hacia el espíritu de Che que hacia su imagen. Su foto está por todo el mundo. Su foto está en la mente de todos y su silueta es una de las más familiares. Entonces debemos procurar conocer mejor a Che.

Acerquémonos pues a Che. Acerquémonos a él no como lo haríamos con un dios, ni como lo haríamos con esta idea, esta imagen que está por encima de los hombres, sino hagámoslo con un sentimiento de que estamos ante a un hermano que nos habla y con quien asimismo podemos hablar. Procuremos que a los revolucionarios los inspire el espíritu de Che, para que ellos sean también internacionalistas, para que sepan también cómo construir junto a otros hombres la fe: fe en la lucha por la transformación, contra el imperialismo, contra el capitalismo.

En cuanto a ti, compañero Camilo Guevara, ciertamente no podemos permitirnos decir que eres un hijo huérfano. Che nos pertenece a todos. Nos pertenece como patrimonio de todos los revolucionarios. Así que no te puedes sentir solo y abandonado, puesto que vas a encontrar en cada uno de nosotros —esperamos— a los hermanos, las hermanas, los amigos y los camaradas. Junto a nosotros eres ciudadano de Burkina, porque has seguido de forma resuelta las huellas de Che, el Che de todos nosotros, el padre de todos nosotros.

Por último, recordemos a Che simplemente como ese romanticismo eterno, esa juventud tan fresca y tan vivificante, y al mismo tiempo esta lucidez, esta sabiduría, esa devoción que solo los hombres profundos, hombres de corazón, pueden tener. Che era la juventud de 17 años. Pero Che era igualmente la sabiduría de 77 años. Esta alianza juiciosa es la que debemos tener permanentemente. Che era el corazón que hablaba y era también el brazo vigoroso e intrépido que actuaba.

Camaradas, quisiera agradecer a nuestros amigos, a los compañeros cubanos, el esfuerzo que han hecho para venir a reunirse con nosotros. Quiero agradecer a todos aquellos que han franqueado miles de kilómetros, que han cruzado los mares para encontrarse aquí en Burkina Faso para recordar a Che.

Igualmente quiero agradecer a todos aquellos que, por sus contribuciones personales, procurarán que este día no sea simplemente una fecha en el calendario, sino sobre todo que sean días, muchos días del año, muchos días a través de los años y los siglos, para que viva eternamente el espíritu de Che.

Compañeros, por último quisiera expresar mi regocijo porque hemos inmortalizado las ideas de Che aquí en Uagadugu con esta calle que hemos bautizado Che Guevara.

Pero cada vez que pensemos en Che, tratemos de ser como él y de hacer que reviva el hombre, el combatiente. Y, sobre todo, cada vez que tengamos la idea de actuar c omo él, en la abnegación, al rechazar los bienes burgueses que pretenden enajenarnos, al rechazar también lo fácil, pero también en la educación y la disciplina rigurosa de la ética revolucionaria: cada vez que tratemos de actuar así, vamos a servir mejor las ideas de Che, las difundiremos mejor.

¡Patria o muerte, venceremos!

Biografía de Thomas Sankara

A día de hoy entre todas las figuras revolucionarias que existieron, seguramente la figura de Thomas Sankara sea de las más olvidadas de la historia. Esto puede ser debido a que su gobierno fue muy efímero y además en un país africano muy pequeño, Burkina Faso, antes conocido como Alto Volta. A pesar de todo, estas características no significan nada, pues Sankara llevó a cabo grandes reformas y cambios en su pequeño país, además de entregarse en cuerpo y alma por mejorar la vida de los burkinabes. Solamente un golpe de estado pertrechado por unos de sus mejores amigos —Blaise Compaoré— consiguió apartarle del poder de manera drástica, pues perdió la vida en el curso del mismo.

Alto Volta antes de la llegada de Thomas Sankara

Hoy día el término de «Alto Volta» ya no consta como nombre de un país, pero hasta 1983 era lo que se conoce actualmente como Burkina Faso. Alto Volta era ni más ni menos que una de las tantas colonias que tenía la República Francesa en África, pero la cuestión en esta colonia era un tanto diferente a las otras que existían. El territorio era bastante pobre y no existía ningún recurso material en cantidad suficiente, por lo que la colonia básicamente fue utilizada como un barracón enorme de donde extraer mano de obra gratis para trabajar en las plantaciones de las colonias costeras. El nombre de Alto Volta sencillamente viene de su situación geográfica, es decir, el curso alto del río Volta, río que se divide a su vez en tres partes: Volta Blanco, Volta Negro y Volta Rojo. Es la única fuente de agua regular que existe en el territorio, la única con la que los campesinos pueden contar para regar sus cultivos. Aparte de este río no existe nada más en todo el territorio, aunque podemos diferenciar que la zona sur va a ser zona de regadío y la norte más desértica. Las sequías van a ser comunes y van a asestar un duro golpe al país siempre que llegan.

VEGETACIÓN

Alto Volta también va a ser un lugar de confluencia de diferencias etnias y tribus que vienen desde antaño. Los gobiernos europeos no respetaron esta división y esto dio lugar a problemas étnicos a lo largo y ancho de todo el continente, dando lugar así a las diferentes guerras y masacres que se han visto en los últimos cien años. Alto Volta no va a ser la excepción y las tribus y etnias van a ser partidas por fronteras impuestas por mero control administrativo. Aproximadamente existen unas sesenta étnicas diferentes en este país, los dos grupos principales serán los mossi (48% de la población) y los peul, pastores nómadas de las zonas fronterizas. El idioma principal va ser el francés, legado de décadas de colonización, pero el moré va ser el más habitual en ámbito local. Respecto a la religión, lo más extendido son los cultos animistas (2/3 de la población), tras esto, los musulmanes (25%) y católicos (10%).

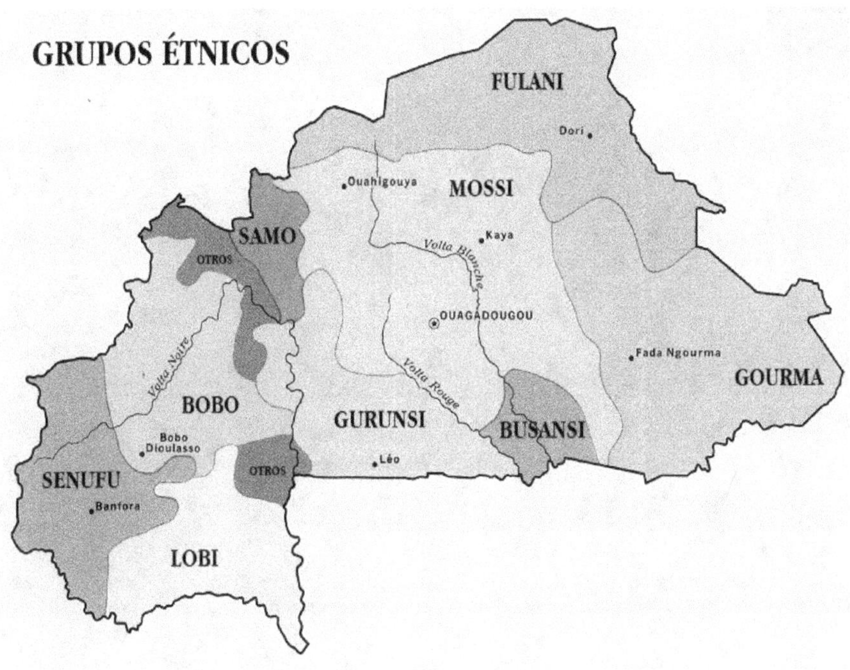

En cuanto a la economía, las condiciones eran desastrosas como hemos visto anteriormente. El 60% del territorio es improductivo, se cultiva el 18% del territorio, 14% son pastos y el 8% bosques. Los campesinos eran el 85% de la población, cultivaban principalmente mijo. El sector industrial apenas existe y solamente existen dos ciudades Ouagadougou (capital) y Bobo-Dioulasso. La densidad de población es muy desigual, pero los datos generales son de 20 habitantes por km2 a mediados de la década de 1970 (5.480.000 habitantes en total). La población urbana era menos del 10% de la total, aunque año a año aumentaba pero de manera descontrolada, pues los nuevos habitantes debían vivir en chabolas y poblados aledaños a la misma. Por último, 2/3 de la población no tenía agua potable y las calorías por personas no se acercaban ni a las 2.000, que era lo mínimo necesario para vivir bien.

Finalmente en temas políticos, Alto Volta era igual que los demás países africanos en la época, el método más corriente para llegar al poder era el golpe de Estado. Eran muy rápidos, y controlando varios edificios principales se tomaba el poder. Los "presidentes" se comportaban como caudillos y vivían una vida de lujos junto a una camarilla selecta de amigos y familiares a costa del trabajo de la mayoría del país. Aunque los procesos de descolonización se dieron entre 1960-1970, los países europeos dejaron consejeros y funcionarios para controlar la economía de estos países. Básicamente, al político de turno se le cubría de riquezas mientras las antiguas metrópolis seguían saqueando los recursos materiales. Además en el marco de la Guerra Fría era normal el enfrentamiento entre los gobiernos y guerrillas de tendencia comunista, como por ejemplo en el Congo.

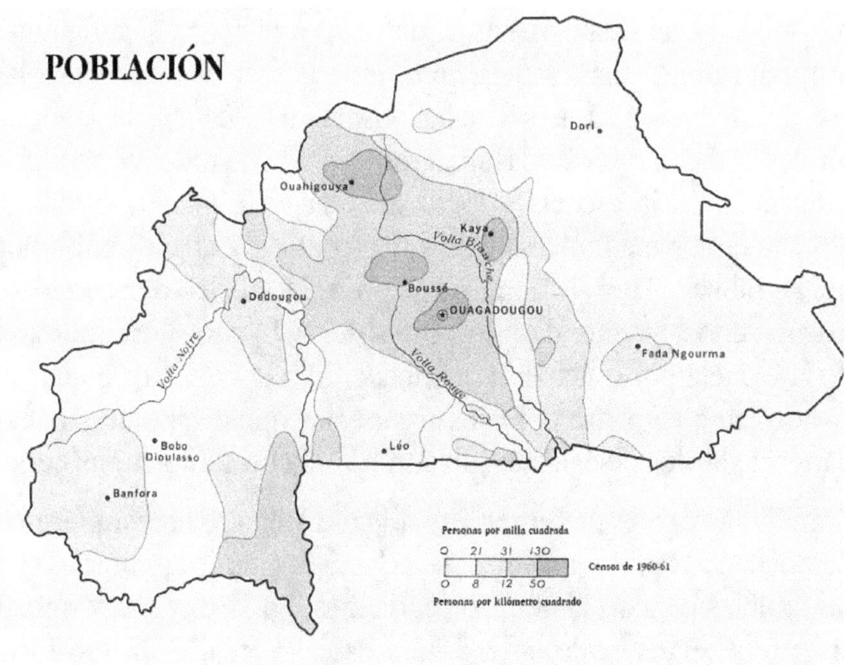

Comienzos difíciles

Thomas Sankara nació el 21 de diciembre de 1949 en el poblado de Yako, en territorio mossi de Yatenga. Su madre, Marguerite era de esta etnia y su padre, Joseph, había sido soldado colonial al servicio de Francia durante la Segunda Guerra Mundial (1939-1945), incluso había sido capturado por los alemanes durante el conflicto. Su padre una vez terminada la guerra fue desmovilizado y trabajó de lo que pudo, convirtiéndose en un obrero pobre. Sankara fue el tercero de los diez hijos que tuvo el matrimonio, y fue sin duda una suerte que sobreviviera a su infancia, pues en

Alto Volta la infancia era un periodo muy difícil. Uno de cada cinco niños moría antes de cumplir ni si quiera el año de edad, solo existían 4 hospitales en todo el país y 117 médicos (un médico por cada 50.000 habitantes).

Si el pequeño en cuestión sobrevivía a enfermedades y el hambre, su esperanza de vida iba a ser de entre 40 y 44 años y seguramente no pisara nunca una escuela, pues el índice de asistencia escolar era del 16% y la tasa de analfabetismo del 90-99%, llegando a niveles casi del 100% en las mujeres. A pesar de todo, el pequeño Sankara fue a la escuela y logró graduarse de manera brillante, destacó en lengua francesa y religión (conocía todos los episodios de la Biblia). Fue siempre un niño con mucha personalidad, extrovertido y amante de los debates. A los 16 años fue expulsado de la escuela por quitarle la bicicleta al hijo del director e incluso encarcelan a su padre por este hecho. Hay que decir, que muchas partes de la vida de Sankara son aún hoy día un completo misterio.

Con 17 años consigue entrar en la École Militaire Préparatoire de Kadiogo. La carrera militar y la eclesiástica eran las únicas vías disponibles para las familias no pudientes. En 1970 y tras terminar la carrera militar se le envía a una base a Madagascar, territorio donde había surgido un levantamiento contra el gobierno colonial del mismo. Este destino será clave para la vida de Thomas Sankara. A parte de conseguir el grado de oficial, nuestro joven protagonista charla con otros jóvenes soldados y oficiales llegados de todos los lugares de África donde se empapa de ideas marxistas y sobre todo leninistas. Un día durante este periodo escribe en su diario: "un militar sin formación política no es más que un criminal en potencia". Viaja a Francia y se entrena como paracaidista, en París hace amistad con otro oficial voltense, Blaise Compaoré, quién será su mano derecha hasta el asesinato de Sankara.

En 1974, Thomas Sankara es enviado a la frontera con Malí, pues los dos países habían iniciado una guerra por los límites fronterizos. Durante las operaciones militares, su mejor anécdota es que sustituye el grito bélico de "adelante" por el de "seguidme". Su actuación en esta guerra le vale que le nombren comandante de una división de paracaidistas. Sin embargo Thomas Sankara será consciente y criticará el conflicto con la vecina Malí, pues no hay nada más ridículo que una guerra entre dos países paupérrimos a los que la sequía azota severamente. Va a ser uno de los primeros promotores del acercamiento entre los militares y la población civil, el militar debe ser asimismo campesino y por ello va a imponer a sus hombres el colaborar en los campos de mijo existentes alrededor del cuartel. Asimismo defenderá que Alto Volta disponga de un ejército únicamente para defender las fronteras. En 1979 se casó con su novia Mariam Serme (con la que terminará sus días), tras dos años le informan de que es ascendido a capitán. Por último, el joven capitán era consciente de su suerte y expresó: "la mitad de los niños nacidos el mismo año que yo murieron durante los tres primeros meses de vida. Yo he tenido la suerte de huir de la muerte y de no caer victima de ninguna de aquellas enfermedades que aquel año hicieron que las defunciones superaran los nacimientos. Además he sido uno de los 16 niños de cada cien que ha tenido oportunidad de ir a la escuela, otro gran golpe de suerte".

Primeros puestos en el gobierno y llegada al poder

Ya hemos visto que en Alto Volta como en el resto de África, el golpe de estado o las elecciones amañadas eran el método más rápido para llegar al poder. El primer puesto de importancia de Thomas Sankara es cuando es nombrado Secretario de Estado para la Información en el gobierno militar del presidente Saye Zerbo (su gobierno fue caracterizado por la corrupción y el amiguismo) en septiembre de 1981. En su primera reunión de gabinete

Sankara llega en una bicicleta, dando así el ejemplo de que se puede renunciar a los privilegios de la clase política que vivían cómodamente en la capital con aire acondicionado. A este puesto renunció muy pronto, pues el 21 de abril de 1982 en oposición a lo que vio como deriva reaccionaria del régimen (habían encarcelado a un líder sindical), declaró «¡Desgracia a quienes amordazan al pueblo!" y "no puedo contribuir a los intereses de una minoría". Thomas Sankara es detenido y encarcelado.

Antes de que sea juzgado por un tribunal militar, un nuevo golpe el 7 de noviembre de 1982 llevó al poder a Jean-Baptiste Ouédraogo, Sankara fue excarcelado y llegó a ser primer ministro en enero de 1983. A partir de este momento comenzó su lucha contra la injusticia y contra a los que él consideraba enemigos de la patria, uno de los enemigos más fuerte eran los privilegios que tenían algunos grupos. El nuevo gobierno parece ir correctamente, Sankara incluso visita la Libia de Muammar Gaddafi, algo que no gusta a un sector reaccionario del gobierno y del ejército. El 17 de mayo de 1983 se sucede el enésimo golpe de estado que pone de nuevo bajo arresto a Sankara. Compañeros de este escapan a ser detenidos, como su amigo Blaise Compaoré que se refugia al sur de la capital. Ese mismo año, el 4 de agosto, un pequeño contingente de militares leales a Sankara dan otro golpe de estado, liberando al carismático líder. El golpe es rápido y es apoyado por gran parte de las masas populares, pues los golpistas los animan a que se unan. Thomas Sankara es investido presidente de Alto Volta. Comienzan cuatro años de furia revolucionaria.

Reformas radicales en Burkina Faso

Thomas Sankara va a iniciar unas reformas muy profundas en su pequeño país. El 2 de octubre de 1983 lanza su famoso Discurso de Orientación Política donde define el carácter de su revolución, el rasgo principal es que es antiimperialista. En primer lugar compuso el himno (era un aficionado guitarrista) y creó la nueva bandera, que mantiene hoy día. El otro gran cuestión fue el cambio de nombre, de Alto Volta pasó a conocerse como Burkina Faso, dejando atrás el pasado colonial, pues el nuevo nombre significaba "la tierra de los hombres íntegros". Sus influencias marxistas fueron complementadas con personalidades como Fidel Castro o el famoso guerrillero argentino, Che Guevara, que fue muerto en Bolivia veinte años antes. Continuó con su lucha contra los privilegios de la clase política, grupo que se había corrompido hasta la medula, por ejemplo una gran parte de los presupuestos (85%) iba exclusivamente a pagar los salarios de los políticos alojados en la capital. Otro punto de lucha muy importante fue la lucha contra la desertificación de su país. En 1983, el desierto, al norte, avanzaba un kilometro o más al año, lo que ponía en peligro muchas zonas.

La desertificación de Burkina Faso fue combatida con campañas de plantación de árboles (que a la vez luchaban contra la desforestación que era también grave) donde toda la población participaba, incluido el ejército y el propio Sankara y sus políticos. «En un periodo de 15 meses se sembraron más de 10 millones de árboles dentro del marco de un Programa Popular de Desarrollo» (Sankara, febrero de 1986). Además de las campañas lanzadas desde el gobierno, este instaba a que cada familia sembrara 100 árboles, pues la madera era un recurso básico del burkinabe. Los avances en escolarización y sanidad fueron muy notables, pues se aumentó el alfabetismo, gracias a las numerosas campañas, y se redujo la mortalidad infantil (de 187%0 al 150%0). También y con relación a la juventud burkinabe, el gobierno realizó una gran campaña de vacunación contra las enfermedades más comunes, muchas de ellas erradicadas en el "primer mundo" pero muy mortales en este país. «En 15 días se vacunaron a 2,5 millones de niños comprendidos entre edades de 9 y 14 años» (Sankara, febrero de 1986), además fue uno de los primeros gobiernos en luchar contra el SIDA.

Sin duda alguna, uno de los proyectos más importantes en los que se embarcó el gobierno de Sankara fue el combatir el hambre, un enemigo brutal y sin piedad que asolaba a las clases populares. Con el inicio de la Revolución Burkinabe se consiguió un gran logro, que cada persona tuviera 1.875 calorías diarias y 10 litros de agua. En Francia en la misma época las calorías eran 3.411 por persona y en EE.UU casi 400 litros de agua por persona. Para conseguir esto se fomentó la construcción de presas y la agricultura; en estas tareas también participaba el ejército que ayudaba a recoger las cosechas aledañas a los diferentes cuarteles. En 1986, otro logro conseguido es aumentar la tasa de escolarización, de un 16% pasa a un 32%, Sankara dijo "una de las condiciones para el desarrollo es el fin de la ignorancia". En pocos años, Burkina Faso se convirtió en uno de los países más progresistas y modernos de África.

Los privilegios no solo eran de los políticos que vivían cómodamente, en los pequeños pueblos diseminados por todo el territorio aún existían caudillos y pequeños terratenientes al más estilo feudal que obligaban a los campesinos a trabajar en un régimen de corveas (trabajo gratis) como en la Edad Media. Muchos de estos individuos fueron juzgados y encarcelados, aunque el gobierno de Sankara quería liberarlos en un futuro, el objetivo era transformarlos y hacerles ver que las nuevas políticas eran necesarias. Otra reforma fue vender toda la flota de mercedes y audis que tenían los políticos y cambiarlos por los económicos Renault 5 de origen español, se los prohibía vestir trajes de marcas extranjeras teniendo que vestir las ropas tradicionales (faso dan fani) y en los despachos se cambiaron todos los aires acondicionados por ventiladores, que eran más económicos.

Finalmente y respecto a la cultura, la Revolución Burkinabe estuvo también muy comprometida. La creación de escuelas fue algo corriente e incluso se celebro un gran festival de cine. Las lenguas autóctonas eran respetadas y potenciadas, por ejemplo Sankara sus discursos los daba en francés pero ordenaba traducirlos a las distintas lenguas para que llegaran a todo el mundo. Políticamente los burkinabes comenzaron a participar de manera directa con los famosos Comités de Defensa de la Revolución (CDR). En la capital Ouagadougou se instala un canal de radio en el cual cualquier persona puede ir y contar algún problema de su localidad o dar sugerencias a los gobernantes.

La cuestión de la mujer

El tema de la mujer tenía que ser un tema a parte porque en sí mismo es un gran cambio. Como bien decía Sankara la mujer soportaba en la sociedad dos grandes cargas, primero que era explotada como todos y segundo que era explotada además por su esposo. Thomas Sankara desde un primer momento va a proclamar «La revolución y la liberación de la mujer van unidas. No hablamos de la emancipación de la mujer como un acto de caridad o por una oleada de compasión humana, es una necesidad básica para el triunfo de la revolución. Las mujeres ocupan la otra mitad del cielo». Las mujeres estaban muy reprimidas en Alto Volta, los problemas comenzaban desde que nacían, donde en primer lugar se las extirpaba el clítoris muchas veces para que no tuvieran sensibilidad. Estas extirpaciones se realizaban de manera poco higiénica utilizando incluso cuchillos oxidados, cristales y trozos de uña. El colectivo femenino llevaba la carga del hogar a un nivel extremo, pues recogían leña e iban a por agua, que muchas veces estaba a kilómetros de distancia habiendo que recorrer zonas áridas.

La llegada de Thomas Sankara al poder va cambiar todo esto. En primer lugar a las mujeres se las va a incluir en el gobierno, llegando algunas de ellas a puestos ministeriales. En educación tendrán la misma preferencia que los hombres y políticamente formaran sindicatos (Unión de Mujeres de Burkina) en donde se les enseñará la cultura como nunca antes. El carismático líder burkinabe se queja de las diferentes cuestiones, como por ejemplo que los hombres pueden ser adúlteros sin consecuencias y las mujeres acusadas de ellos pueden recibir tremendas palizas. El día 8 de marzo de 1987, Sankara lanza el famoso discurso sobre la Emancipación de la Mujer delante de miles de ellas. En este discurso también ataca la prostitución que básicamente es considerada una lacra de la sociedad. El objetivo es salvar a las prostitutas y sacarlas de ese inmundo trabajo que muchas veces está lleno de peligros. «Por tanto, al combatir la prostitución, al tender una mano de salvación a las prostituida, estamos salvando a nuestras madres, a nuestras hermanas y a nuestras esposas de esta lepra social. Nos salvamos a nosotros mismos. Salvamos al mundo».

Finalmente y en base a este discurso Sankara denuncia la situación de la mujer a nivel mundial que también es precaria. Por ejemplo las que trabajan el hogar no son consideradas trabajadores y son calificadas "amas de casa" para declarar que no cobran un salario. También que los hombres tienen salarios mayores que las mismas por realizar el mismo trabajo y que al fin al cabo «a ella (la mujer del primer mundo) también, como al tercer mundo, se la mantiene arbitrariamente en el atraso para dominarla y para explotarla». Thomas Sankara termina diciendo «la mujer se integrará a todas las batallas que hemos de emprender contra las distintas trabas de la sociedad neocolonial y por la edificación de una sociedad nueva. Se integrará en la organización de la vida de la nación entera. El objetivo final de toda esta gran empresa es construir una sociedad libre y próspera donde la mujer sea igual al hombre en todos los ámbitos».

Política exterior de Thomas Sankara

La política exterior fue un punto capital para Thomas Sankara. En primer lugar no se posicionó directamente con ningún bloque y metió a su país en el llamado «Movimiento de Países No Alineados» donde se encontraba, por ejemplo, Cuba. Viajó por diferentes países y se entrevistó con líderes tanto africanos como internacionales. Su visita a Nicaragua o a Cuba fueron bastante sonadas, donde tuvo un acercamiento con los líderes comunistas del movimiento sandinista y con Fidel Castro.

Otra cuestión importante fueron sus discursos y declaraciones sobre la deuda externa. Sankara defendía que los países africanos no debían pagar la deuda externa (en la década de 1980 alcanzaba los 150.000 millones de dólares en toda África) debido a que suficiente habían tenido con la ocupación colonial y con todas las guerras y golpes de estado que financiaban ahora estos países. También rechazaba la ayuda exterior, básicamente debido a que luego se ponían unos intereses a conciencia que los países pobres no podían pagar. «La deuda, en su forma actual, es una reconquista colonial organizada con pericia para que África, su crecimiento y su desarrollo, obedezcan a reglas que nos son totalmente ajenas».

Continua Sankara «la deuda no debe ser devuelta, porque si nosotros no pagamos, los dueños del capital no se van a morir, de ellos estamos seguros; si, en cambio, pagamos, nosotros si moriremos, y de esto también estamos seguros». Entre 1983-1987, Burkina Faso dejó de depender en gran parte del capital extranjero y solo aceptaba ayudas y donaciones de otros países en forma de materiales, por ejemplo cemento para construir edificios o tractores para ayudar en las tareas del campo. Además para él, el imperialismo estaba en muchos lugares como en el tabaco o la coca-cola, los cuales, las empresas imperialistas habían introducido a conciencia en los países africanos para mantener atada su economía. El FMI, denunció el líder burkinabe, que lejos de un mero control económico, lo que también quiere es un control político de los países, algo que por desgracia en el presente europeo también nos suena bastante.

El desarme es un tema que también trata Sankara, pues los países africanos invertían absurdas cantidades de sus presupuestos en la compra de armamento; armamento que se compraba a los países occidentales, a las antiguas metropolis coloniales. El aumento de inversión en este factor viene derivado de la inseguridad que existe en los diferentes países de África, pero crea un efecto contrario, ya que produce una crisis en la estabilidad. En las Naciones Unidas, Sankara declara que con el dinero que se invierte en armas se podrían construir miles de escuelas, hospitales y granjas.

Finalmente, el último punto de la política internacional burkinabe se resume en luchar contra el gobierno racista de Sudáfrica, el denominado gobierno del "apartheid", y donde evidentemente defiende la excarcelación del líder sudafricano Nelson Mandela.

El violento y traicionero final de un líder

El 15 de octubre de 1987, los cuatro años de gobierno revolucionario de Thomas Sankara llegan a su fin. El líder burkinabe viajaba con sus guardaespaldas y chófer en un pequeño Renault 5, cuando varios soldados les dieron el alto. Rápidamente los soldados abrieron fuego acabando con la vida del carismático presidente de Burkina Faso. Estos soldados estaban a las órdenes de Blaise Compaoré, mano derecha y amigo de Sankara que había sido sobornado por poderes extranjeros (principalmente Francia) para acabar con la revolución que se calificaba como "roja y comunista". Blaise Compaoré dio un golpe de estado a favor de estos poderes y además de acabar con Sankara también asesinó a doce ministros leales a este. Tras unos pequeños pero sangrientos disturbios, el que había traicionado a su amigo se erigió como presidente. El cuerpo de Sankara fue enterrado junto con el de otros muertos en una fosa común.

Thomas Sankara murió en chándal debido a que ese día era el Día del Deporte, día en el que los políticos y gran número de personas practicaban el mismo. Los detalles de su muerte de todas formas no están claros, y fuera como fuese, lo que sucedió después de su muerte es que Burkina Faso volvió a las líneas generales de antes de Sankara, la corrupción volvió y los poderes imperialistas estuvieron muy presentes a partir de entonces, por ejemplo el nuevo presidente viajaba en un avión privado que le habían "regalado" los franceses mientras que en el periodo de Thomas Sankara los políticos viajaban en aviones comerciales de clase turista.

Thomas Sankara vivió al nivel de su pueblo, siendo ejemplo de que se puede renunciar a los privilegios y a los grandes sueldos a pesar de ser la cabeza del país. En Burkina Faso, para el día de su muerte, ya se habían construido numerosos hospitales, escuelas e infraestructuras de desarrollo como los pozos de agua para mejorar la vida de los burkinabes. Hoy día es recordado por las masas populares de su país como una leyenda, y en todas y cada una de las manifestaciones o concentraciones su nombre se deja ver como un fantasma que recorre África.

Por último decir que una semana antes de su muerte, el día 8 de febrero, cuando realizaba una conmemoración en nombre de Ernesto "Che" Guevara proclamó que «las ideas no se matan ni pueden morir, aunque muera el revolucionario».

Por tanto como siempre decían el Che, Fidel y el mismo Sankara:

«¡Patria o muerte! ¡Venceremos!»